ବୋଧିଛାୟା

ବୋଧିଛାୟା

ସଂଘମିତ୍ରା ଭଞ୍ଜ

ବ୍ଲାକ୍ ଈଗଲ୍ ବୁକ୍ସ
ଭୁବନେଶ୍ୱର, ଓଡ଼ିଶା

BLACK EAGLE BOOKS
Dublin, USA

ବୋଧିଚ୍ଛାୟା / ସଂଘମିତ୍ରା ଭଞ୍ଜ

ବ୍ଲାକ୍ ଇଗଲ୍ ବୁକ୍ସ : ଭୁବନେଶ୍ୱର, ଓଡ଼ିଶା • ଡବ୍ଲିନ୍, ଯୁକ୍ତରାଷ୍ଟ୍ର ଆମେରିକା

BLACK EAGLE BOOKS

USA address:
7464 Wisdom Lane
Dublin, OH 43016

India address:
E/312, Trident Galaxy, Kalinga Nagar,
Bhubaneswar-751003, Odisha, India

E-mail: info@blackeaglebooks.org
Website: www.blackeaglebooks.org

First International Edition Published by
BLACK EAGLE BOOKS, 2023

BODHICHHAYA
by **Sanghamitra Bhanja**

Copyright © Sanghamitra Bhanja

All rights reserved. No part of this publication may be reproduced, stored in a retrieval system, or transmitted, in any form or by any means, electronic, mechanical, photocopying, recording or otherwise without the prior permission of the publisher.

Inner art: **Tanuj Malik**
Cover and Interior Design: Ezy's Publication

ISBN- 978-1-64560-394-8 (Paperback)

Printed in the United States of America

ଚେତନାର ଦୀପ୍ତପିଣ୍ଡ-ମହାଯୋଗୀ ବୁଦ୍ଧଙ୍କୁ ନିବେଦିତ

କୃତଜ୍ଞତା

ଗୌତମ ବୁଦ୍ଧ ମୋ ଚେତନାର ଆଲୋକସ୍ତମ୍ଭ। ତାଙ୍କୁ ମୁଁ ମୋ ଅତି ନିକଟରେ ବହୁ ସମୟରେ ଅଦୃଶ୍ୟ ଭାବେ ଅନୁଭବ କରେ। ଅଧିକ ବୁଝିବା ନିମନ୍ତେ ମୋ ଭିତରେ ଏକ ଅଦ୍ଭୁତ ଜିଜ୍ଞାସାବୋଧ ସୃଷ୍ଟି ହୋଇଥାଏ। ଏ କ୍ଷେତ୍ରରେ ଡକ୍ଟର ରାଧାକୃଷ୍ଣନ୍‌ଙ୍କ 'ଗୌତମବୁଦ୍ଧ - ଜୀବନ ଓ ଦର୍ଶନ' , ଧର୍ମାନନ୍ଦ କୋସମ୍ବୀଙ୍କ 'ଭଗବାନ୍ ବୁଦ୍ଧ', ନୋବେଲ୍ ପୁରସ୍କାର ବିଜେତା ହରମନ୍ ହେଶ୍‌ଙ୍କ 'ସିଦ୍ଧାର୍ଥ' ଉପନ୍ୟାସ, ସୁନୀତି ବାଭୀଙ୍କ 'The Life of Princess Yoshodhara's, ଭ୍ୟାନେସା ଆର୍.ସାସନ୍‌ଙ୍କ 'ଯଶୋଧାରା', ଜାନକୀବଲ୍ଲଭ ପଟ୍ଟନାୟକଙ୍କ 'ଗୌତମ ବୁଦ୍ଧ', ବିଶିଷ୍ଟ ନାଟ୍ୟକାର ବିଜୟ ମିଶ୍ରଙ୍କ 'ତଟ ନିରଞ୍ଜନା', ସୁସାହିତ୍ୟିକ ଶରତ ମହାନ୍ତିଙ୍କ 'ବୁଦ୍ଧଂ ଶରଣଂ ଗଚ୍ଛାମି' ଏବଂ ପ୍ରଫେସର ମନୋରଞ୍ଜନ ପ୍ରଧାନଙ୍କ 'ଓଡ଼ିଆ ଉପନ୍ୟାସରେ ବୁଦ୍ଧଦେବ' ଇତ୍ୟାଦି ପୁସ୍ତକ ମୋତେ ବହୁ ମାତ୍ରାରେ ପ୍ରଭାବିତ କରିଛନ୍ତି। ଏତଦ୍ ବ୍ୟତୀତ କଥାକାର ଡକ୍ଟର ଗୌରହରି ଦାସଙ୍କ 'ଅଧିମୋକ୍ଷ' ଗଳ୍ପ ମୋ କବିତାକୁ ବିଧିବଦ୍ଧ ରୂପ ପ୍ରଦାନ କରିବାରେ ଅତ୍ୟନ୍ତ ସହାୟକ ହୋଇଛି। ଏଣୁ ଡକ୍ଟର ଦାସଙ୍କ ନିକଟରେ ମୁଁ ଗଭୀର କୃତଜ୍ଞତା ଜ୍ଞାପନ କରୁଛି। ବୁଦ୍ଧଙ୍କୁ ଅଧିକ ବୁଝିବା କ୍ଷେତ୍ରରେ ବହୁ ତଥ୍ୟ ପ୍ରଦାନ କରି ମୋ ଜିଜ୍ଞାସାକୁ ସାମର୍ଥ୍ୟ ପ୍ରଦାନ

କରିଥିବା ବିଶିଷ୍ଟ ଭେଷଜ ଚିକିତ୍ସକ ଡାକ୍ତର ଇନ୍ଦ୍ରମଣି ଜେନା ମହୋଦୟ ଏବଂ ରମାଦେବୀ ମହିଳା ବିଶ୍ୱବିଦ୍ୟାଳୟ - ହିନ୍ଦୀ ବିଭାଗର ଅବସରପ୍ରାପ୍ତ ପ୍ରାଧ୍ୟାପକ ଡକ୍ଟର କୁନା ପଣ୍ଡାଙ୍କ ପାଖରେ ମୁଁ କୃତଜ୍ଞତା ଜ୍ଞାପନ କରୁଛି। ମୋ କବିତ୍ୱକୁ ଅଧିକ ଶକ୍ତିଶାଳୀ କରିବା କ୍ଷେତ୍ରରେ ମୋର ସମ୍ମାନନୀୟା ଗୁରୁ ପ୍ରଫେସର ସଂଘମିତ୍ରା ମିଶ୍ର, ଡକ୍ଟର ମହେନ୍ଦ୍ର ମିଶ୍ର, ବିଶିଷ୍ଟ କବି ପ୍ରସନ୍ନ ସ୍ୱାଇଁ, ଔପନ୍ୟାସିକ ଚିତ୍ତରଞ୍ଜନ ଚିରଞ୍ଜିତ୍ ତଥା ମୋ ମା' ଶାନ୍ତିଲତା ଭଞ୍ଜଙ୍କ ନିକଟରେ ମୁଁ କୃତଜ୍ଞ। ଅନୁଜ ହୋଇ ମଧ୍ୟ ଯେ ସର୍ବଦା ମୋ ବିଚାରକୁ ସମ୍ମାନ ଦେଇ ସହଯୋଗ କରିଛନ୍ତି ସେମାନଙ୍କ ମଧ୍ୟରେ ମୋ ପ୍ରିୟ ଛାତ୍ରୀ ଦୀପ୍ତିମୟୀ ସାହୁ, ଜ୍ୟୋତି ସାହୁ, ଛାତ୍ର ଅଳଙ୍କାର ଆଚାର୍ଯ୍ୟ ଏବଂ ମୋର କବିତାକୁ ମୁଦ୍ରିତ ରୂପ ପ୍ରଦାନ କରିଥିବା ଛାତ୍ରୀ ଲିପିକା ସାହୁଙ୍କୁ ଭୁଲିପାରିବି ନାହିଁ। 'ବୋଧିଛାୟା'ର ପାଣ୍ଡୁଲିପିକୁ ପ୍ରକାଶିତ କରିବା ନିମନ୍ତେ ବାରମ୍ବାର ପ୍ରୋତ୍ସାହନ ପ୍ରଦାନ କରିଥିବା ବିଶିଷ୍ଟ ସଂଗଠକ-ସମାଲୋଚକ ସମ୍ମାନନୀୟ ଡକ୍ଟର ବିଜୟାନନ୍ଦ ସିଂହଙ୍କ ନିକଟରେ ମୁଁ ମୋର ହାର୍ଦ୍ଦିକ କୃତଜ୍ଞତା ଜ୍ଞାପନ କରୁଛି। 'ବୋଧିଛାୟା'ର ପ୍ରଚ୍ଛଦ ଏବଂ ଅନ୍ତଃପୃଷ୍ଠାଗୁଡ଼ିକର ଅଳଙ୍କରଣ କରିଥିବା ଓଡ଼ିଶାର ବିଶିଷ୍ଟ ଚିତ୍ରଶିଳ୍ପୀ ତନୁଜ ମଲ୍ଲିକଙ୍କୁ ମୋର ବିଶେଷ ଧନ୍ୟବାଦ। ଏହି ଅବସରରେ ପୂର୍ବରୁ 'ବୋଧିଛାୟା'ର ଭାରତୀୟ ସଂସ୍କରଣ ପ୍ରକାଶ କରିଥିବା ପ୍ରକାଶକ ଏବଂ ଏହି ସ୍ୱତନ୍ତ୍ର ଆନ୍ତର୍ଜାତିକ ସଂସ୍କରଣ ପ୍ରକାଶ କରୁଥିବା 'ବ୍ଲାକ୍ ଇଗଲ୍ ବୁକ୍‌ସ'ର ପ୍ରକାଶକ ଶ୍ରୀ ସତ୍ୟ ପଟ୍ଟନାୟକଙ୍କୁ ମୁଁ ଆନ୍ତରିକ ସାଧୁବାଦ ଜଣାଉଛି।

- ସଂଘମିତ୍ରା ଭଞ୍ଜ

ପ୍ରସ୍ତାବନା

'କେଶବଧୃତ ବୁଦ୍ଧ ଶରୀର ଜୟ ଜଗଦୀଶହରେ।' 'ବୁଦ୍ଧ'- ଏକ ପ୍ରଜ୍ଞାଦୀପ୍ତ ଚୈତ୍ତିକ ଉଦ୍ଭାସ। ମାନବରୁ ଅତିମାନବ ଏବଂ ପରେ ଭଗବାନ୍ ପାଲଟିବାର ତାଙ୍କ ଲୀଳା ଅନନ୍ୟ। ମାନବ ଦେହରେ ଦେବତ୍ୱପୂର୍ଣ୍ଣ ଧରାବତରଣର ଅଦ୍ଭୁତ ଘଟଣାକ୍ରମ ଆଜି କିମ୍ବଦନ୍ତୀ ପାଲଟିଛି। ଅତିକ୍ରାନ୍ତ ସହସ୍ରାବ୍ଦୀ ପରେ ମଧ୍ୟ ବୌଦ୍ଧଧର୍ମର ମହନୀୟ ଆଦର୍ଶ ଏଯାବତ୍ ଅକ୍ଷୁଣ୍ଣ ରହିଛି। ପ୍ରାୟ ଦୁଇ ହଜାର ଛ' ଶହ ବର୍ଷ ତଳେ ହିମାଳୟର ପାଦଦେଶରେ ଅବସ୍ଥିତ କୌଲ୍ୟ ବଂଶର ରାଜା ସୁପ୍ରବୁଦ୍ଧଙ୍କ କନ୍ୟା ଯଶୋଧାରାଙ୍କୁ ବୁଦ୍ଧଙ୍କ ସହଧର୍ମିଣୀ ହେବାର ସୌଭାଗ୍ୟ ପ୍ରାପ୍ତ ହୋଇଥିଲା। ଅପରୂପା ଯଶୋଧାରା ଥିଲେ ଅନିନ୍ଦ୍ୟ ସୌନ୍ଦର୍ଯ୍ୟର ଦେବୀ। କୌଲ୍ୟ ନଗରର ସେ ଥିଲେ - ଗୌରାଙ୍ଗିନୀ ରାଜକୁମାରୀ। ତାଙ୍କର ଆକର୍ଷଣୀୟ ସୌନ୍ଦର୍ଯ୍ୟ ଓ ବ୍ୟକ୍ତିତ୍ୱ ଯୋଗୁଁ ବହୁ ରାଜକୁମାର ତାଙ୍କ ପାଣିଗ୍ରହଣ ପାଇଁ ପ୍ରୟାସ କରିଥିଲେ। 'ଯଶୋଧାରା' ମଧ୍ୟ ତାଙ୍କ ଈପ୍ସିତ ରାଜକୁମାରଙ୍କୁ ନେଇ ସ୍ୱପ୍ନପ୍ରବଣ ଥିଲେ। ସେ ତାଙ୍କର ବାନ୍ଧବୀମାନଙ୍କୁ କହୁଥିଲେ- 'ଯଦି ମୁଁ କେବେ ବିବାହ କରେ, ତେବେ ମୋ ସ୍ୱାମୀଙ୍କୁ ମୁଁ ପଦ୍ମରେ ପୂଜା କରିବି।' କପିଳାବସ୍ତୁରେ କ୍ଷତ୍ରିୟ ରାଜା ଶୁଦ୍ଧୋଦନ ଏବଂ ରାଜମାତା ମାୟାଦେବୀଙ୍କର ସୁପୁତ୍ର ରାଜକୁମାର ଗୌତମ ଯଶୋଧାରାଙ୍କୁ ବିବାହ

କରିବା ନିମନ୍ତେ ସ୍ୱୟମ୍ବରର ସମସ୍ତ ନିୟମ ଓ ସର୍ତ୍ତକୁ ସାଦରେ ଗ୍ରହଣ କରିଥିଲେ। ବିବାହ ପରେ ସୌନ୍ଦର୍ଯ୍ୟର ଦେବୀ ଯଶୋଧାରାଙ୍କ ପ୍ରେମ ଓ ସମର୍ପଣ ପ୍ରତି ଗୌତମଙ୍କ ଐକାନ୍ତିକ ଆଗ୍ରହ ବେଶି ଦିନ ତିଷ୍ଠି ପାରିନଥିଲା। ରାଜ୍ୟ ପରିଭ୍ରମଣ କାଳରେ ଜର, ଜରା, ସନ୍ନ୍ୟାସ ଓ ମୃତ ଶରୀର ଦେଖି ଗୌତମ ଅତ୍ୟନ୍ତ ମର୍ମାହତ ହୋଇଥିଲେ ଏବଂ ସଂସାର ପ୍ରତି ବୀତସ୍ପୃହ ହୋଇପଡ଼ିଥିଲେ। ଗୋପା (ଯଶୋଧାରା)ଙ୍କ ଭଳି ସୌନ୍ଦର୍ଯ୍ୟର ଦେବୀଙ୍କୁ ସ୍ୱଇଚ୍ଛାରେ ବିବାହ କରିଥିବା ଗୌତମଙ୍କ ସଂସାର ବିରାଗ ସଂପର୍କୀୟଙ୍କ ପାଇଁ ସ୍ୱାଭାବିକ ନ ଥିଲା। ଏହା ସତ୍ତ୍ୱେ ସାତ ଦିନର ଶିଶୁପୁତ୍ର ରାହୁଲକୁ କୋଳରେ ଧରି ଗୌତମଙ୍କୁ ଶ୍ରମଣ ହେବା ନିମନ୍ତେ ଗୋପା ଅନୁମତି ଦେଇଥିଲେ। କିନ୍ତୁ ତାଙ୍କ ପରି ନାରୀ ପକ୍ଷେ ତପୂରବର୍ତ୍ତୀ ଜୀବନ ଆଦୌ ସହଜ ନଥିଲା। ସେ ଚାହିଁଥିଲେ ଅନ୍ୟତ୍ର ବିବାହ କରି ଖୁସିରେ ଜୀବନ ନିର୍ବାହ କରିପାରିଥା'ନ୍ତେ; କିନ୍ତୁ ସେ ଏକନିଷ୍ଠ ପତ୍ନୀବ୍ରତ ଧାରଣ କରି ଜୀବନର ଶେଷ ପର୍ଯ୍ୟନ୍ତ ବୁଦ୍ଧଙ୍କ ନିମନ୍ତେ ପ୍ରତୀକ୍ଷମାଣ ରହିଥିଲେ। ବୁଦ୍ଧଙ୍କ ଅନୁପସ୍ଥିତିରେ ରାଜସୁଖ ଓ ଭୋଗବିଳାସ ତ୍ୟାଗକରି ସେ ଗୈରିକ ବସ୍ତ୍ର ପରିଧାନ ପୂର୍ବକ ଭିକ୍ଷୁଣୀର କଠୋର ଜୀବନକୁ ସ୍ୱୀକାର କରିନେଇଥିଲେ। ବୁଦ୍ଧଙ୍କ ଦେହତ୍ୟାଗର ଦୁଇବର୍ଷ ପୂର୍ବରୁ ସ୍ୱଇଚ୍ଛାରେ ଗୋପା ଦେହତ୍ୟାଗ କରିଥିଲେ।

'ବୋଧିଛାୟା'ର ସର୍ଜନା ପଛରେ ରହିଛି ପ୍ରକୃତି-ପୁରୁଷର ଅଭିନ୍ନ ପରିକଳ୍ପନା। ବୁଦ୍ଧଙ୍କ ପ୍ରଜ୍ଞାଲୋକର **'ଛାୟା'** ଯୋଗୁଁ ହିଁ ଗୋପା ଭିକ୍ଷୁଣୀର ଜୀବନ ବଞ୍ଚିପାରିଥିଲେ। ଜଣେ ନାରୀର ମାନ-ଅଭିମାନ ଊର୍ଦ୍ଧ୍ୱରେ ନିଜ ସ୍ୱାମୀଙ୍କ ସହ ତା'ର ଆତ୍ମାର ସ୍ୱୀକୃତ ସମ୍ପର୍କ ଏଥିରେ ପ୍ରତିଫଳିତ ହୋଇଛି। **'ବୁଦ୍ଧ'** - କାୟା ହେଲେ ଯଶୋଧାରା ଥିଲେ ତାଙ୍କ କାୟା ସଂଲଗ୍ନ-ଅବିଚ୍ଛିନ୍ନ ଛାୟା। ତଥାପି ଗୋପାଙ୍କ ଭିତରେ ସାଧାରଣ ନାରୀର ଦୁଃଖ, ଅବସୋସ, ଅବସାଦ, ଆଶା, ନିରାଶା, ପ୍ରେମ, ଅସହାୟପଣ, ବିରହ, ଯନ୍ତ୍ରଣାର ଚିରନ୍ତନ ତଥା ସ୍ୱାଭାବିକ ପ୍ରବୃତ୍ତିକୁ ଅଭିବ୍ୟକ୍ତ କରିବା ନିମନ୍ତେ **'ବୋଧିଛାୟା'** ଏକ ଶବ୍ଦ ପ୍ରୟାସ ମାତ୍ର। ଏ ସଂସାରର ପ୍ରାୟ ନାରୀ ନିଜକୁ ଯଶୋଧାରାଙ୍କ ଭାବନାର କୌଣସି ନା କୌଣସି ଅଂଶରେ ଖୋଜି ପାଇପାରନ୍ତି ! ଭଗବାନ୍ ବୁଦ୍ଧଙ୍କ ଦିବ୍ୟଲୀଳା ଓ ସଂସାର ପ୍ରତି ତାଙ୍କ ଦୃଷ୍ଟିଭଙ୍ଗୀ ହିଁ **'ବୋଧିଛାୟା'**ର ଅନ୍ତର୍ନିହିତ ଦର୍ଶନ।

ସୃଜନ କେବେ ବି ସମୟର ଅପେକ୍ଷାରେ ନଥାଏ। ଆକସ୍ମିକ ଉଦ୍‌ଗତ ଭାବବିନ୍ଦୁ ଚେତନାର କାଉଁରୀ ସ୍ପର୍ଶରେ ଅଭିମନ୍ତ୍ରିତ ହୋଇ ଉକୁଟି ଉଠେ। ଘାତ-ପ୍ରତିଘାତ, ସକ୍ରିୟତା ପୁଣି ଅବସନ୍ନ ଜଡ଼ତା ଦୁର୍ବାର ଆବେଗ ପରି ଘନୀଭୂତ ହୋଇ ଅନନ୍ୟ ରୂପ ନିଏ। କବିର ଆଙ୍ଗୁଠି ସନ୍ଧିରେ କଲମର ସହଯୋଗ ପାଇ ଶବ୍ଦ ସବୁ ବାଙ୍ଗ୍‌ମୟ ହୁଅନ୍ତି। ବୁଦ୍ଧ - ମୋର ଆତ୍ମାପୁରୁଷ। ମୋ ଅଶାନ୍ତ ପ୍ରଗଲ୍‌ଭ ଆତ୍ମାପୁରୁଷ ଅଧିକାଂଶ ସମୟରେ

ଅଲୌକିକ ଅନୁଭବର ସ୍ପର୍ଶରେ ପ୍ରଥମେ ଅସ୍ଥିର ଓ ପରେ ସ୍ଥିର ହୋଇଥାଏ। ସବୁ ଚଞ୍ଚଳତା, ଉଚ୍ଛକିତ ପ୍ରଗଲ୍‌ଭତା କ୍ରମେ ନମ୍ର-ସ୍ଥିର-ଅକୁଣ୍ଠ ପ୍ରବହମାନତା ଭିତରେ ସ୍ନିଗ୍ଧ ହୋଇଉଠେ। ବୁଦ୍ଧଙ୍କ ମହନୀୟ ତତ୍ତ୍ୱ ମୋ ଜୀବନର କ୍ଷୁଦ୍ର-ବୃହତ୍ ଦୁଃଖଙ୍କୁ କ୍ଷଣିକେ ପ୍ରଶମିତ କରି ଲେଖାର ଅଧାରହାଣ୍ଡି ଭିତରେ ସିଝିଥିବା ଜୀବନ ଜନ୍ତୁଆଣିକୁ ନିର୍ଦ୍ଦିଷ୍ଟ ଆକାର ପ୍ରଦାନ କରେ। ତାଙ୍କ ସହିତ ମୋର ନିର୍ବିକାର-ନିର୍ବିବାଦ, ପ୍ରତ୍ୟାଶାବିହୀନ ଓ ଅବୋଧ ସମ୍ପର୍କ। ସେ ଫୁଙ୍କମାରି, ମନ୍ତୁରେଇ ଓ ବତୁରେଇ ମୋ ଶବ୍ଦ-ସୃଜନକୁ ଯଥାର୍ଥ ରୂପ ପ୍ରଦାନ କରିଛନ୍ତି।

ଦେବତା ହେବା ସହଜ; ମାତ୍ର ମଣିଷ ପରି ମଣିଷ ହେବା କଷ୍ଟସାପେକ୍ଷ। ଦି' ହାତ, ଦି' ଗୋଡ଼, ଆଖି-କାନ ଆଉ ଶରୀର ବିଶିଷ୍ଟ ମଣିଷର ବାହ୍ୟରୂପକୁ ସମସ୍ତେ ଧାରଣ କରନ୍ତି, ହେଲେ ଚେତନା ସ୍ତରରେ ମଣିଷ ହେବା ଶ୍ରମ ସାପେକ୍ଷ! ଆମେ ଅନେକ ସେଇ ସାଧାରଣ ଅବଧାରଣା ଭିତରେ ଅଟକି ଯାଇଛେ; ଚେତନାର ଗର୍ଭଗୃହର ଜ୍ୟୋତିର୍ମୟ ଦିବ୍ୟଭୂମିରେ ବିଚରଣ କରିପାରିନାହେଁ। ଆମ ଭିତରେ ମାନବ ଜନ୍ମକୁ ନେଇ ପ୍ରବଳ ଅହଂ ରହିଛି। ଏଇ ସାଧାରଣ ଜୀବନରେ ବେଳେବେଳେ କିଛି ଅଲୌକିକ, ଅନୁଭବଦାୟୀ ପୁଲକପ୍ରଦ ଘଟଣା ଘଟେ। ପିଲାବେଳେ ମୁଁ ବିଦ୍ୟାଳୟର ଏକ ପ୍ରତିଯୋଗିତାରେ ପୁରସ୍କାର ରୂପେ ବୁଦ୍ଧଙ୍କର ଏକ ଛବି ପାଇଥିଲି। ବହୁତ ଥର ବୁଦ୍ଧଙ୍କର ସେପରି ଏକ ଅର୍ଦ୍ଧ ଆଲୋକିତ ଏବଂ ଅର୍ଦ୍ଧ ଅନ୍ଧାରିତ ଛବିକୁ ମୁଁ ସ୍ୱପ୍ନରେ ଦେଖିଥିଲି। ସତେ ଯେମିତି କିଛି ପୂର୍ବନିର୍ଧାର୍ଯ୍ୟ ଥିଲା ପରି ପୁରସ୍କାରରେ ବୁଦ୍ଧଙ୍କର ଚିତ୍ରପଟ୍ଟ ପାଇବା ମୋ ପାଇଁ ବିସ୍ମୟକର ଥିଲା। ଏହି ଘଟଣା ପରେ ମୋ ମନରେ ଭଗବାନ୍ ବୁଦ୍ଧଙ୍କ ପ୍ରତି ଆକର୍ଷଣ ବଢ଼ିଥିଲା। ବୁଦ୍ଧଙ୍କୁ ଭଲପାଇବା ପଛରେ ଅନ୍ୟ ଏକ କାରଣ ମଧ୍ୟ ଥିଲା। ଗୁରୁଜନମାନେ ମୋ ନାଁ କ'ଣ ପଚାରି, ତା'ର ଅର୍ଥ ଖୋଜିବା ଆଳରେ ମୋ ମନରେ ଏକ ବୁଦ୍ଧ-ଅନୁକୂଳ ଭାବନାଟିଏ ଭର୍ତ୍ତି କରିଦେଉଥିଲେ। ଅନେକ ସମୟରେ ସେଇ ଅର୍ଥ ସନ୍ଧାନ ଭିତରେ ମୁଁ ନିଜ ନାମର ମହତ୍ତ୍ୱକୁ ଖୋଜିଛି। ବୌଦ୍ଧଧର୍ମର ପ୍ରଚାର ପ୍ରସାର କ୍ଷେତ୍ରରେ କଳିଙ୍ଗ ସମ୍ରାଟ ଅଶୋକଙ୍କ ସୁପୁତ୍ରୀ ସଂଘମିତ୍ରାଙ୍କ ଅଦ୍ଭୁତ କର୍ତ୍ତବ୍ୟନିଷ୍ଠାକୁ ନେଇ ମୁଁ ଭାବପ୍ରବଣ ହୋଇଛି। ଏକବିଂଶ ଶତାବ୍ଦୀର ବିଶ୍ୱ ଜଗତୀକରଣ ଏବଂ ବିଜ୍ଞାପନର ଯୁଗରେ ପରମ କାରୁଣିକ ଭଗବାନ ବୁଦ୍ଧଦେବଙ୍କୁ ମନେ ପକେଇବା ପାଇଁ ସମୟ କାହିଁ? ଗୌତମରୁ ତଥାଗତ-ବୁଦ୍ଧଙ୍କ ପର୍ଯ୍ୟନ୍ତ ତାଙ୍କ ଜୀବନକ୍ରମର ପ୍ରତିଟି ପର୍ଯ୍ୟାୟ ଏବଂ ତାଙ୍କ ଉପଲବ୍ଧିର ମହତ୍ତ୍ୱ ପ୍ରତିଷ୍ଠା ଆଜିର ସମୟ ଓ ସଭ୍ୟତା ପୃଷ୍ଠାରେ କିଛି ଶବ୍ଦ ଆଉ ରୂପବିମ୍ବର ବର୍ଣ୍ଣାଳୀ ତୋଳୁଛି ସିନା, ମାନବର ଯୁକ୍ତିପ୍ରବଣ ଉପଲବ୍ଧିକୁ ସ୍ପର୍ଶ କରିପାରୁନାହିଁ ବୋଲି ମୋର ଧାରଣା। **'ବୋଧିଛାୟା'**ର

ପରିକଳ୍ପନା ମୋର ଅଯୁତ ଆବେଗ ସଂଜାତ; ବୁଦ୍ଧଙ୍କ ପ୍ରତି ଗଭୀର ପ୍ରେମ ତଥା ଅଭିମାନର ଏହା ଫଳଶ୍ରୁତି। ଏଥିରେ ମୀରାବାଈଙ୍କ ଭକ୍ତି, ରାଧାଙ୍କ ଛଳଛଳ ପ୍ରେମ-ବିରହ-ଅଭିମାନ ପୁଣି ସୀତାଙ୍କ ଦୃଢ଼ତା ମଧ୍ୟ ଗୋପାଙ୍କ ବକ୍ତବ୍ୟ ଭିତରେ ପାଠକ ଅନୁଭବ କରିପାରନ୍ତି। 'ଯଶୋଧାରା'ଙ୍କୁ ନେଇ ସମଗ୍ର ନାରୀସମାଜର ଅଭିମାନ, କ୍ଷୋଭ ଏବଂ ବ୍ୟଥାକୁ ମୁଁ ମୋର କବିତା ମାଧ୍ୟମରେ ଜଣାଇବାର ପ୍ରୟାସ କରିଛି। ନାରୀର ସମ୍ବେଦନଶୀଳ ମନୋସ୍ଥିତିକୁ ବୁଝାଇବା ଭିତରେ ପରୋକ୍ଷରେ ଭଗବାନ ବୁଦ୍ଧଙ୍କ ଚରିତ ହିଁ ମୁଁ ବର୍ଣ୍ଣନା କରିଛି। ମୋର ଧାରଣା ନିଜେ ବୁଦ୍ଧ ମୋ ଚେତନାରେ ଅଧିଷ୍ଠିତ ହୋଇ ମୋ ପରି ଏକ ସାଧାରଣ ସଂଘମିତ୍ରାକୁ ଏ ସବୁ ଲେଖିଯିବାଲାଗି ଅନୁପ୍ରେରିତ କରିଛନ୍ତି।

ବିନୟାବନତା

ସଂଘମିତ୍ରା

ସୂଚିପତ୍ର

ଗୋପାର କିଛି କଥା	୧୭
ସିଦ୍ଧାର୍ଥଙ୍କ ଜନ୍ମ	୨୯
ବିବାହ	୩୫
ରାହୁଲ - ଏକ ବନ୍ଧନ	୪୭
ସିଦ୍ଧାର୍ଥଙ୍କୁ ଶେଷ ବିଦାୟ	୫୭
ପରିବ୍ରଜ୍ୟା	୭୧
ସୁଜାତା ଓ ଖିରି	୭୭
ପାତାଳପୁରୀ ରାକ୍ଷସ ଓ ବୁଦ୍ଧତ୍ୱ ପ୍ରାପ୍ତି	୭୯
ବୁଦ୍ଧଙ୍କ ଉପଦେଶ	୮୫
ଆମ୍ରପଲ୍ଲୀ ଓ ବୁଦ୍ଧ	୯୧
ତଥାଗତଙ୍କ କପିଳବସ୍ତୁ ଆଗମନ	୧୦୧
ଆଉ କିଛି ପ୍ରଶ୍ନ	୧୦୭
ପୂର୍ଣ୍ଣମୀପୁରୁଷଙ୍କ ମହାନିର୍ବାଣ	୧୧୭
ଗୋପାର ଶେଷକଥା	୧୨୩

ଗୋପାର କିଛି କଥା

(କ)

ନିରୁତା ଅଶ୍ରୁ ବୁନ୍ଦାଏ
ବିଳାପର କାରୁଣ୍ୟ ସୂଚାଏ
ଦଗ୍ଧୀଭୂତ ହୃଦୟର
ଉତ୍ତପ୍ତ ଆବେଗ ହିଁ
ଉଷ୍ମ ଅଶ୍ରୁବିନ୍ଦୁ ଦେଇ ଝରିପଡ଼ିଥାଏ।
ଆଖିର ପଲକ ଦେଇ ଝରିଯିବାପରେ
ରଙ୍ଗହୀନ ଲୁଣିଜଳ ଟୋପା
କେତେ କାହା ବିରହ କ୍ଷତର
ଆଙ୍କିଥାଏ ରକ୍ତାଭ ଭୂମିକା!
ଇତିହାସ-କିମ୍ବଦନ୍ତୀ ପୃଷ୍ଠା
ଏଯାବତ୍ ମୂକସାକ୍ଷୀ ଅଛି-
'କହିବାକୁ ଶାକ୍ୟମୁନି-ଗୌତମଙ୍କ କଥା
କୌଲ୍ୟବଂଶୀ ଅପରୂପା ଯଶୋଧାରା ବ୍ୟଥା'!

ମୁଁ ଗୋପା!
ଏକ ପୂର୍ଣ୍ଣ ନାରୀସତ୍ତା
ପ୍ରଜ୍ଞାମୟ ବୁଦ୍ଧଙ୍କର
ପ୍ରକୃତିରୂପିଣୀ

ଶୁଦ୍ଧ-ଯୋଗମାୟା
ମୁଁ ବୁଦ୍ଧମୟ
ଦିବ୍ୟ ବୋଧିଛାୟା।
ମନେମନେ ସ୍ମରୁଛି ମୁଁ
ଦୀର୍ଘ ଶତ ସହସ୍ରାବ୍ଦୀ ତଳ
ଐତିହ୍ୟ ପୃଷ୍ଠାର ସେହି
କପିଳାବସ୍ତୁ-ଲୁମ୍ବିନୀ-ଶ୍ରାବସ୍ତୀ ନଗରୀ
ଗୋଟିଗୋଟି ମନେପଡ଼େ
ବୁଦ୍ଧ ଶ୍ରମଣଙ୍କ ଯେତେ ଦିବ୍ୟ ଆଚରଣ
ଚର୍ଯ୍ୟା-ନୀତି-ନିବୃତ୍ତିର ନିଗୂଢ଼ କାହାଣୀ।

ଦେବଭୂମି-ଭାରତବର୍ଷର
ଯୁଗସନ୍ଧିର ନିର୍ଯ୍ୟାସ
ସଭ୍ୟତାର ପଦଚିହ୍ନ
ଏବେବି ଉତ୍କୀର୍ଣ୍ଣ ସେଇଠି
ବୁଦ୍ଧଙ୍କ ତ୍ୟାଗପୂତ କରୁଣାର
ଅଧ୍ୟାୟ ସେଇଠି।
ସେଇ କପିଳବସ୍ତୁର ଅଷ୍ଟ ମହାଜନପଦେ
ଅଦ୍ଭୁତ ଜଗତ ବୌଦ୍ଧ ଶ୍ରମଣମାନଙ୍କ
ବ୍ରାହ୍ମଣ୍ୟ ଧର୍ମର ଯେତେ - କୃଚ୍ଛ ଭାବମୁଦ୍ରା
ସମୁଚ୍ଚ ସେ ବେଦମନ୍ତ୍ର
ଅଦ୍ଭୁତ କଦର୍ଥ ଥିଲା ଶ୍ଳୋକ ଓ ସାଧନା
ଥିଲା ଯେବେ ପଶୁବଳି .. ଅନ୍ଧବିଶ୍ୱାସ ଓ ପୁଣି
ରଢ଼ କୁସଂସ୍କାର ..
ସଭ୍ୟତାର ସେଇ ନିଷ୍ପ୍ରଭ ସ୍ଥିତିରେ
ଭଗବାନ୍ ବୁଦ୍ଧଙ୍କର ଆଗମନ ଥିଲା
ସମୟ ସଭ୍ୟତାର ଦିବ୍ୟ ଅବଦାନ
ହିଂସ୍ରତାରୁ ଉଦ୍ଧରିବା ଲାଗି ଏ ଧରଣୀ
ଲୋଡ଼ାଥିଲା ବୁଦ୍ଧ ଅବତାର।

(ଖ)

କରୁଣାର ଭଗବାନ୍
ହେ ବୁଦ୍ଧ !
ଏ ପ୍ରଗଲ୍‌ଭ ନାରୀପଣକୁ
ତମ ଉଦାରପଣରେ
କ୍ଷମାଦେବ।
କିଛି କହିବାକୁ ଚାହେଁ ମୁଁ ତୁମକୁ
ଆତ୍ମା ମୋର
ଅତି ଯେ ବିକ୍ଷୁବ୍ଧ !
ସହସ୍ରାବ୍ଦୀ ପରେ ମଧ୍ୟ ତମଠାରୁ
କିଛି ଅନୁତ୍ତରିତ ପ୍ରଶ୍ନର ଚାହେଁ ମୁଁ ଉତ୍ତର
ଅବଶ୍ୟ ଉତ୍ତର ଦେବା ନଦେବା
ତୁମ ଇଛା
ମୋ କଥା ଶୁଣିବା ... ନଶୁଣିବା ମଧ୍ୟ
ତୁମ ଇଛାର ଅଧୀନ
ତଥାପି... ତଥାପି
ସବୁ ଇଛା ଓ ଅନିଛା ଊର୍ଦ୍ଧ୍ୱରେ
ତମେ ହିଁ ତ ଦେଇଥିଲ ଦିନେ
ମାନବ ଜୀବନର
ଯଥାର୍ଥ ପରିଭାଷା।
ସେହି ପରିଭାଷାର
ପୁନଃ ଆଲୋଚନା ହିଁ
ଆଜି ମୋର ଜୀବନ ଜିଜ୍ଞାସା !
ଶୁଣ ଥରେ... କହିବାକୁ ଦିଅ
ସୁଦୀର୍ଘ ସମୟର ତରୀ ବାହି
ଅଯୁତ ପ୍ରଶ୍ନର ବୋଝ ବୋହି
ଅଭୁକ୍ତ ଆଶା ନେଇ
ନିର୍ବାଣ ପରେ ବି

ମୁଁ ସୂକ୍ଷ୍ମରେ ସେମିତି ରହିଛି
ଲୁମ୍ବିନୀର ସାଧ୍ୱୀ
ତମ ଗୋପା ... ଅବା ଯଶୋଧାରା ହୋଇ !

ହେ କ୍ଷମାମୟ !
ଯୁଗାନ୍ତରେ ବି ତମ
ସବୁ ତତ୍ତ୍ୱ ରହିଛି ଅମ୍ଳାନ
ସେଇ ପଥ ଅଛି
ନୀତି ଆଉ ଉଚ୍ଚାରିତ ସଂଘ ଅଛି
ତମେ ମଧ୍ୟ ଅଛ ହେଲେ
ବଦଳିଛି ପର୍ବ ଜୀବନର
ବଦଳିଛି ରଙ୍ଗ ସଭ୍ୟତାର ।
ତମେ ଭାବୁଥିବ ସହସ୍ରାବ୍ଦୀ ପରେ
ହଠାତ୍ ଏ ପ୍ରଶ୍ନ କ'ଣ ପାଇଁ ?
ତମକୁ ବିକଳ ହୋଇ ଖୋଜେ କ'ଣ ପାଇଁ ?
ମୁଁ କିଛି କହିବି ତମକୁ
ତମେ ବି ତ ମାୟା-ମୋହ
ତ୍ୟାଗ କରିଥିଲ
ଅସୀମ ପ୍ରଶ୍ନ ସବୁର
ଉତ୍ତର ଜିଜ୍ଞାସା ନେଇ
ଶ୍ରମଣର ଜୀବନକୁ ଆନନ୍ଦରେ
ଆଦରି ଯେ ନେଲ
କିନ୍ତୁ କାହିଁକି ଏ ତ୍ୟାଗ ?
ଗୃହତ୍ୟାଗୀ ହେବାର ସେ
ଅଦ୍ଭୁତ ବୈରାଗ୍ୟ !
ରାଜପୁତ୍ର ହୋଇ
କିପରି ଭୋଗବିଳାସ ସବୁକୁ
ଏଡ଼େଇ ପାରିଲ ?
ଏ ପ୍ରଶ୍ନ ମୁଁ ପଚାରୁନି

କେବଳ ତମକୁ
ପଚାରୁଚି ସଭ୍ୟତାକୁ
ବିଗତ ଯୁଗକୁ
ଜଣେ ଚିରନ୍ତନୀ ନାରୀ
ରାହୁଳର ମାତା –
ପ୍ରଣମ୍ୟ ଶୁଦ୍ଧୋଦନଙ୍କ ପୁତ୍ରବଧୂ
ଅବା ତମ ଧର୍ମପତ୍ନୀ ହୋଇ
ପଚାରୁଚି ପ୍ରଶ୍ନ,
ମୋ ପ୍ରତି ତମେ
କାହିଁ ଥିଲ ଏତେ ମୋହଶୂନ୍ୟ ?
ଅବଶ୍ୟ ମୁଁ ଜାଣେ
ଯେତେ ପ୍ରଶ୍ନ ସବୁ ...
ଉତ୍ତର ପରେ ବି କିଛି ଅବଶିଷ୍ଟ ଥିବେ
ଆଉ କିଛି ଲେଉଟି ଆସିବେ
ସେମିତି ଯୁଗ ଯୁଗ ପରେ ମଧ
ମହାବଳୟେ ଅଜସ୍ର ପ୍ରଶ୍ନ ଘୂରୁଥିବେ !

(ଗ)

ହେ ଗୌତମ !
ମର୍ଯ୍ୟାଦାର ସୀମା ଡେଇଁ
ପଚାରିନଥିଲି ସେବେ ...
ପଚାରିବାର ଅନୁମତି ବି ନ ଥିଲା...
ଅନେକ ଶତାବ୍ଦୀ ପରେ
ଏବେ କିନ୍ତୁ ପ୍ରଶ୍ନ ପଚାରିବାର
ସାମର୍ଥ୍ୟ ସଂଚିଛି
ଦୃଢ଼ ମନୋବଳ ନେଇ ..
ତମର ହିଁ ଉତ୍ତରର ଅପେକ୍ଷାରେ ଅଛି !
କହିବକି ...

ମୋର ଭୁଲ୍ ଥିଲା କ'ଣ ?
ତମ ଅନାଗ୍ରହର କାଳକେତୁ
ସକଳ ସ୍ୱପ୍ନକୁ ମୋର କାହିଁକି ଗ୍ରାସିଲା ?
ଏମିତିକି ମୋତେ ଛାଡ଼ିଯିବାବେଳେ
ଶେଷଥର ପାଇଁ ମୋ ଆଡ଼କୁ
ସାମାନ୍ୟ ବି ଫେରି ଚାହିଁବାକୁ
ସେ ବିଧାତା ଇଚ୍ଛା ବି ନଦେଲା ।
ହାୟ !
କିଏ କ'ଣ ଜାଣିଥାଏ
ହାତ ଧରିଥିବା ମୁଠାଟିର ଶକ୍ତି ସମ୍ପର୍କରେ ?
କିଏ କ'ଣ ବୁଝିଥାଏ,
ଜଣକୁ ନିବିଡ଼ ଭାବେ ଆବୋରିଥିବା ମଣିଷର
ପରକ୍ଷଣର ଅନାଦର-ଅନିଚ୍ଛା ସମ୍ପର୍କରେ !
ମୁଁ ବା କେମିତି
ଜାଣିଥା'ନ୍ତି କୁହ
ତମ ଦୃଢ଼ ପାପୁଲି ମୁଠାରେ
ଆଶ୍ୱାସନା ଥିଲା
ନା ନାମମାତ୍ର ଆଶ୍ରୟଟେ ଥିଲା ?
ତମ ଆଖି ସୀମାନ୍ତରେ
ଥିବା ଯେତେ ସାନ୍ଦ୍ର ଆଉ ନିବିଡ଼ ଚାହାଣୀ
ମୋ ପାଇଁ କି କେବେ ଅବା ଥିଲା କି ନଥିଲା ?
ଏମିତି ଘଟଣାକ୍ରମରେ
ପତଙ୍ଗଟେ ପରି ଭାସମାନ
ମଣିଷ ଜୀବନ
ଶକ୍ତ ଆଘାତରେ ସ୍ତବ୍ଧ ଓ ସ୍ଥବିର
ପୁଣି ବିସ୍ମିତ... ତଟସ୍ଥ
ପ୍ରମାଦର କଙ୍କରିଳ ଭୂମିପରେ
ମୁଣ୍ଡ ପିଟିବା ଯାହାର ଜୀବନ
ତା'ର ନିଜ ପାଖକୁ ଫେରିବାକୁ

ସମୟ ତ ଲାଗିବ ନିଶ୍ଚୟ !
ମୋତେ ବି ମୋ ଭିତରକୁ
ଫେରିବାକୁ ଶତଶତ ଶତାବ୍ଦୀ ଲାଗିଚି
ତା'ପରେ ହିଁ
ତମକୁ ପ୍ରଶ୍ନ କରିବାର
ଏ ଦୁର୍ବାର ସାହସ ସଂଚିଛି ।

ହେ ଭଗବାନ !
ହଁ .. ଭଗବାନ ନଡାକି ବା କୁହ
କ'ଣ ଯେ ଡାକିବି ?
ତମପାଇଁ ମୁଁ ସାଧାରଣ ସ୍ତ୍ରୀ ଛଡ଼ା
ଆଉ ଅବା କ'ଣ ଥିଲି କି ?
ତମେ କିନ୍ତୁ ମୋ ପାଇଁ ଥିଲ
ମୋ ଆତ୍ମର ସର୍ବସ୍ୱ !
ଥିଲ ଚେତନାର ଛନ୍ଦଟିଏ
ପୁଣି ଅଭୋଗ୍ୟ ସ୍ୱପ୍ନଟିଏ !
ତମେ ଥିଲ ମୋ ଓଠର ଆହ୍ଲାଦ
ଜୀବନର ଅନୁପମ ବେଦ ।

(ଘ)

କପିଳବାସ୍ତୁର ସେ
ଅଗୁରୁ ଅକ୍ଷତସ୍ନିଗ୍ଧ ପ୍ରାସାଦରେ
କର୍ପୂରବେଷ୍ଟନୀ-ଚନ୍ଦ୍ରାଲୋକରେ
ତନ୍ଦ୍ରାଳସାର ବିଦଗ୍ଧ କାମନା ପରି
ମୋ ମନସ୍ଥିତି !
ଗବାକ୍ଷର କ୍ଷୁଦ୍ରରନ୍ଧ୍ର ଦେଇ
ମୁଁ ଦେଖୁଥିଲି
ତମର ସେ ତେଜୋଦୀପ୍ତ ରୂପ

ତମର ସେ ବିସ୍ତାରିତ ଚକ୍ଷୁ
ତୀକ୍ଷ୍ଣ ନାସା
ଅମିୟଧାରାଶ୍ରିତ ଓଷ୍ଠ
ହାସମଗ୍ନ ରେଖାରେ ଆରକ୍ତ
ଶର୍କରା ଖଣ୍ଡଭଳି ମଧୁଯୁକ୍ତ
ସତରେ କି ଦିବ୍ୟ ସେ ତେଜ !
ପୁଣି କି ଅନନ୍ୟ ସେ ରାଜକୀୟ ଓଜଃ !
ମୁଁ ଏମିତି ପ୍ରଲୁବ୍ଧ ଆବେଗେ
ତମକୁ ନଦେଖିବାର
ଯେତେଥର ପଣ କରୁଥିଲି
ସେତେସେତେ ଦେଖିବାର
ଉଚ୍ଚାଟରେ ଧନ୍ଦି ହେଉଥିଲି !
ଶବ୍ଦ ଖଞ୍ଜି ପ୍ରଶାନ୍ତିର ଅର୍ଥ ଯଦି ବୁଝେଇପାରନ୍ତି !
ତେବେ ହୁଏତ ବୁଝାନ୍ତି,
ତମକୁ ଆଖି ଭରି
ମନ ପୂରେଇ ଦେଖି ନେବାପାଇଁ
କେମିତି ଗଣିଚି ପ୍ରହର
ଦେଇଛି ଧାରଣା !
ବୁଝାନ୍ତି ମୁଁ କାନେକାନେ
ତମକୁ ଦେଖିଲା ପରେ
ଆଉ କିଛି ଦେଖିବାର ସ୍ପୃହା ହିଁ ନ ଥିଲା ... !
ମୋର ମନେପଡ଼େ
ଈଷତ୍ ତମ ସ୍ମିତହସ
ନିରବିତ ଶବ୍ଦ
ଶବ୍ଦଙ୍କୁ ବି ଚୁପ୍ କରିଦେଇ
କିଛି ଗୁଞ୍ଜରଣ ଭେଟିଦେଉଥିବା
ତମ ଆଖିର ନିର୍ଦ୍ଦେଶ
ତଥାପି ଶୁଣିବାକୁ - ବୁଝିବାକୁ ଚାହିଁଚି
ତମ ନିସ୍ତରଙ୍ଗ ଶବ୍ଦଙ୍କୁ ...

ବିକଳ ହୋଇ ଉଠିଛି
ତମର ସେ ପଦେ କଥା ପାଇଁ !
ଖାଲି ଯାହା ମୋ ଆବେଗରେ
ସୋହାଗ - ପ୍ରୀତିରେ
ମଗ୍ନ ହୋଇଥାନ୍ତା !
ବହୁବାର ଭାବନାକୁ ରାଣ ଦେଇଚି
ତମକଥା ନଭାବିବାକୁ
ଯାହାକୁ ତମେ ଆତ୍ମସମୀକ୍ଷାର ନାମ ଦିଅ !
ତମେ ସିନା ଦେବଲୋକର ପୁରୁଷ
ମୁଁ ତ ଇହଲୋକର ମାନବୀଟେ !
ତମ ସାନ୍ନିଧ୍ୟ ଆଶାରେ
ପ୍ରତି ମୁହୂର୍ତ୍ତରେ ହେଉଥିଲି ମୁଁ ନିଃଶେଷ
ସତ୍ୟସନ୍ଧ ତମେ
ଅସହାୟ - ମାୟିକ ବନ୍ଧନ ଭିତରେ
ଦିଶୁଥିଲ ଅତି ଯେ ବିବଶ !
ବହୁତ ପରେ ହିଁ ଜାଣିଲି
ଯାହାସବୁ ମୋ ଦେହରେ ତାତି ଭରିଥିଲା,
ଯାହାସବୁ ସ୍ପର୍ଶ ଦେଇ ସ୍ପର୍ଶାତୁର କଲା
ସେ ସବୁ ମୋର କି
ମୋ ପାଇଁ କେବେ ବି ନଥିଲା
କାହିଁକି ଯେ ମୋର ଅବା କି ଭୁଲ୍ ଥିଲା ?
ବିବାହୋତ୍ତର ପର୍ବରେ
କାହିଁକି ତରୁଣୀଟେ ବିଚାର କରିବ
ତା' ସ୍ୱାମୀ ତାକୁ ଭଲପାଉଚି କି ନାହିଁ !
ସେ ତ ସଂସାର ଗଢ଼ିବ
ସ୍ୱାମୀ ପଥ ଚାହିଁ ବସିବ
ତମେହିଁ ସାଂସାରିକ କର୍ତ୍ତବ୍ୟର ସୂତ୍ର ଦେଇଥିଲ
ସ୍ତ୍ରୀ-ପୁତ୍ର-ପରିବାର ନେଇ
ଶ୍ରଦ୍ଧା-ସମ୍ମାନ-ମର୍ଯ୍ୟାଦା ସଂଯୋଗେ

କର୍ମାନୁଷ୍ଠାନର
ତମେ ହିଁ ତ ରୂପ ଆଙ୍କିଥିଲ
ମାନବୋଚିତ ଆତ୍ମସମୀକ୍ଷାର ।
ସେଦିନ ଯେବେ ଜାଣିଲି
ତମ ସେ ମନ-ସମୁଦ୍ରରେ
ମୁଁ ମାତ୍ର ଭଉଁରୀଟିଏ
ଲହରେଇ ଟିକେ ଯାହା
ତମ ପାଦ ଅବା ଦେହ - ଚିବୁକକୁ
ଯତ୍ ସାମାନ୍ୟ ଛୁଇଁଥିଲି
ହେଲେ କେବେ କିନ୍ତୁ
ତମ ମନରେ ନଥିଲି !
ଏକଥାର ସତ୍ୟତା
ମୁଁ ବହୁତ ପରେ ହିଁ ଜାଣିଲି ।
ତମ ସାଥେ ବେଶ୍ ଖୁସି ଥିଲି
ହେଲେ କିନ୍ତୁ
ବେଳ-ଅବେଳରେ
ଠିକ୍ ଚକୋରୀ ଭଳି
କଇଁକଇଁ କେତେ ଯେ କାନ୍ଦିଲି
ତମକୁ ପାଇ ମଧ୍ୟ
କେବେ ପାଇ ମୁଁ ନଥିଲି !
ହେ ପୂର୍ଣ୍ଣମୀପୁରୁଷ !
ତମେ ମୋ ଅସହାୟ ସ୍ତ୍ରୀତ୍ୱର
ଶେଷ ଅବସୋସ
ତମକୁ ପାଇ ହରାଇବାର
ପୁଣି କେବେ ନ ପାଇବାର
ଛାତିଥରା ତୀବ୍ର ଦୀର୍ଘଶ୍ୱାସ !

ସିଦ୍ଧାର୍ଥଙ୍କ ଜନ୍ମ

ଭାରତୀୟ ସଂସ୍କୃତିର ଏକ ଶୁଭଦିନ
ଯେଉଁଦିନ ତମ ଜନ୍ମ!
ପିତା ଶୁଦ୍ଧୋଦନ
ରାଜମାତା ମାୟାଦେବୀଙ୍କର
କୋଳକୁ ମଣ୍ଡନ କରି
ତମେ ଆବିର୍ଭୂତ ହେଲ
ସେହି ଏକାଦିନେ ମୁଁ ବି ଭୂମିଷ୍ଠା।
ବୈଶାଖୀ-ଗ୍ରୀଷ୍ମର ସେଇ ପୂର୍ଣ୍ଣମୀ ରାତ୍ରରେ
ଉତ୍ସବର ଅବସାନେ ଶାନ୍ତ ଥିଲା,
ଶ୍ରାବସ୍ତୀପୁରର ସେହି ନିଦ୍ରିତ ନଗରୀ
ଚତୁଃପାର୍ଶ୍ୱେ - ଅପରୂପ ସପନ ଆଲୋକେ
ମାୟାଦେବୀ ଦେଖିଥିଲେ ସ୍ୱପ୍ନ ...
ଦେଖିଥିଲେ ଚାରିଦିଗପାଳ ତାଙ୍କୁ
ହିମାଳୟପରେ ଥିବା ହ୍ରଦର ପାର୍ଶ୍ୱକୁ ଉଡ଼ାଇଣ ନେଲେ
ସ୍ନାହାନ କର୍ମକୁ ସାରି
ଲୁମ୍ବିନୀର ଶାଳ ବୃକ୍ଷବଣେ
ଏକ ସୁସଜ୍ଜିତ ପଲଙ୍କ ଉପରେ
ମାୟାଦେବୀଙ୍କୁ ଯେ ଅତି ଯତ୍ନେ ଶୁଆଇଲେ।
ମାୟାଙ୍କ ପାର୍ଶ୍ୱରେ ଶୁଭ୍ର ହସ୍ତୀଟିଏ ଥିଲା
ନିଜ ଶୁଣ୍ଢପରେ ଧଳାପଦ୍ମଟିଏ ଧରି

ରାଣୀଙ୍କ ପଲଙ୍କ ପାର୍ଶ୍ୱେ
ତିନିବାର ପ୍ରଦକ୍ଷିଣ କରି ତାଙ୍କ
ଗର୍ଭରେ ପଶିଲା ।
ଶୁଭ ଦିବ୍ୟ ଲଗ୍ନେ
ତମ ଆଗମନ
ନକ୍ଷତ୍ରଙ୍କ ଗଣନାନୁସାରେ
ଥିଲା ଅତି ଯେ ପବିତ୍ର
ମାତ୍ର ତମ ଜନ୍ମର ସେ ସପ୍ତଦିବସରେ
ମାତା ମାୟାଦେବୀଙ୍କର ସେ ମହାପ୍ରୟାଣ
ମହାପ୍ରଜାପତି-ଗୌତମୀଙ୍କୁ
ଦେଇଥିଲା ତମ ଜନନୀ ଆସନ !
ଗୌତମୀଙ୍କ କୋଳେ ଥାଇ ଗୌତମ ସାଜିଲ
ସନ୍ନ୍ୟାସୀ ଅସିତା ଆଉ
ଅଷ୍ଟବ୍ରାହ୍ମଣଙ୍କ-କୋଷ୍ଠୀଗଣନାନୁସାରେ
ତମେ ରାଜଚକ୍ରବର୍ତ୍ତୀ ଅବା ଧର୍ମଗୁରୁ ଥିଲ ।

ହେ ଗୌତମ !
ତମକୁ ଜାଣିବା ପରେ
'ସିଦ୍ଧାର୍ଥ' ସେ ନାମ
ଯେବେଯେବେ
ଯା' କଣ୍ଠରୁ ନିଃସୃତ ହୋଇଛି
ମୁଁ ସେତେସେତେ
ଉଚ୍ଚାଟରେ ମନ୍ତ୍ରମୁଗ୍ଧ ହୋଇ
ଶିହରି ଉଠିଛି ।
ମୁଁ ତୁମ ନିରବତାକୁ ଭୋଗିଛି,
ତା'ରି ଭିତରେ ମୋ ଅସ୍ତିତ୍ୱକୁ ଖୋଜିଛି ।
ସୁଲମ୍ବ ଶରୀର ତମ ପ୍ରଶାନ୍ତ ମୁଖରେ
ଦେଦୀପ୍ୟ ଜ୍ୟୋତିପୁଞ୍ଜକୁ ଆହ୍ୱାନ କରିଛି ।

ସୁଡ଼ୋଳ ଆଖିରେ ନମ୍ର ଚାହାଣୀକୁ ତୋଳି
କାହିଁ କୁହ କରୁଥିଲ ଆମନ୍ତ୍ରଣ ?
ମୁଁ ଝରିଯାଏ .... ସରିଯାଏ
ତଟିନୀ କି ସଳିତାଟେ ପରି
କାହିଁ ଚାହୁଁଥିଲ ?
ସତ କୁହ କେବେ କ'ଣ ତମେ
ଏସବୁ ଗ୍ରହିଁ ହିଁ ନଥିଲ ?

ହେ ଗୌତମ !
ସାମାନ୍ୟ ବିଷପୂର୍ଣ୍ଣ କଥା
ଜୀବନକୁ ଘାରିଦିଏ,
ପୁଣି ପଦିଏ କଥାରେ
ଘାଇ ପରି ହୃଦ ଭରିଯାଏ !
ତମେ ଥିଲ ମୋ ପାଇଁ ଶ୍ରଦ୍ଧାର ଭଣ୍ଡାର
ଭୋଗତନ୍ତ୍ର ବଳୟ ଉର୍ଦ୍ଧ୍ୱରେ
ତମେ ଥିଲ ପାଖୁଡ଼ା ଶ୍ରଦ୍ଧାର !
କ୍ଷତ୍ରିୟ ରାଜନ୍ ଶୁଦ୍ଧୋଦନଙ୍କ ଜୀବନେ
ଦେଇଥିଲ ତାଙ୍କୁ
ପିତୃତ୍ୱର ଯଥାର୍ଥ ସମ୍ମାନ
ସେ ଦିନର ବୈଶାଖୀ ସେ
ପୂର୍ଣ୍ଣମାସୀ ଚନ୍ଦ
ମୂକସାକ୍ଷୀ ତମ-ମୋ ଅପୂର୍ବ ଜନ୍ମର !
ତମ ଆଗମନ
ଶାକ୍ୟବଂଶ ଇତିହାସ ପୁଣି
ଭାରତ ଭୂ-ଲୋକେ ଏକ ସ୍ୱର୍ଣ୍ଣିମ ଅଧ୍ୟାୟ ।

ବିବାହ

ନାରୀ ଏକ ଶ୍ରଦ୍ଧାର ଫଗୁଆ
ଈପ୍‌ସିତ ପୁରୁଷ ସାଥେ
ବିବାହ ତା' ବନ୍ଧନର
ମଖମଲି-ରଙ୍ଗିନ୍ ଚାନ୍ଦୁଆ !
କୋମଳ-ହୃଦୟେ ଥାଏ
ଉତ୍ସର୍ଗର ସଂକଳ୍ପ ପ୍ରତୀତି
ଶେଷ ରକ୍ତବିନ୍ଦୁ ଯାଏ
ତିଳତିଳ ଜଳିବାର
ନିରବ ସମ୍ମତି ।

ହେ ଗୌତମ !
ତମ ପାଇଁ ଏ ଗୋପାର
ବିନମ୍ର ନମନ
କପିଳାବସ୍ତୁ ପାର୍ଶ୍ୱସ୍ଥ
ରାଜ୍ୟ ଥିଲା 'କୌଲ୍ୟ'
ମୁଁ ଥିଲି ଦେବଦହ - କୌଲ୍ୟ ରାଜକନ୍ୟା,
ପିତା ସୁପ୍ରବୁଦ୍ଧ
ମୋ ମାତା ଅମିତା
ବୈଶାଖ ପୂର୍ଣ୍ଣମୀ ଦିନେ ମୋର ବି ଜନ୍ମ
ଆମେ ଥିଲେ ସମବୟସ୍କ

ଯୋଗ ନେଇ ଭୋଗ।
'ତମ ପ୍ରାପ୍ତି' ନିୟତିରେ
ଲେଖାଥିଲା
ଆମର ସଂଯୋଗ-ପୁଣି ନିଶ୍ଚିତବିୟୋଗ
ବିବାହ ପୂର୍ବର ସବୁ କଥା ମନେପଡ଼େ
ଅଷ୍ଟାଦଶ ବୟସରେ
ତାରୁଣ୍ୟର ଛଳଛଳ - କୋମଳ ଆବେଗ
ତମ ଜନ୍ମଦିବସ ଉଦ୍ଦେଶ୍ୟେ
କପିଳବସ୍ତୁର ସେଇ ରାଜପ୍ରାସାଦରେ
ଆୟୋଜିତ ଏକ ସ୍ୱତନ୍ତ୍ର ସଭାରେ
କନ୍ୟା ମନୋନୟନର ପ୍ରସଙ୍ଗ ଉଠିଲା
ତମ ସମ୍ମତିରେ କପିଳବସ୍ତୁ ରାଜ୍ୟର
ଅଗଣିତ ସୁଶ୍ରୀ ରାଜବାଳା
ସମ୍ମିଳିତ ହେଲେ
ଥିଲେ ସବୁ ରୂପ-ଗୁଣ-ସୌନ୍ଦର୍ଯ୍ୟରେ ଭରା !

ହେ ସିଦ୍ଧାର୍ଥ !
ତମେ ପରିଧାନ କରିଥିଲ
ଶୁଭ୍ର ପଟ୍ଟବସ୍ତ୍ର
ସ୍କନ୍ଧରେ ଉତ୍ତରୀୟ
ବକ୍ଷଦେଶେ ମର୍କତର ହାର
କମର ସ୍ଥଳରେ ଥାଏ
ସାଞ୍ଜୁବନ୍ଧ ତୀକ୍ଷ୍ଣ ତରବାରୀ
ତେଜୋଦୀପ୍ତ - ଅପୂର୍ବ କାନ୍ତିରେ ପୂର୍ଣ୍ଣ
ଥିଲା ତୁମ ଅଦ୍ଭୁତ ଚାହାଣୀ।
ଆମନ୍ତ୍ରିତା ରୂପସୀଙ୍କୁ
ଔପଚାରିକ ଭାବରେ
ଦେଇଥିଲ ସୁବର୍ଣ୍ଣଖଚିତ ଏକ - ଏକ ଉପହାର,
ଭାବହୀନ - ନିର୍ବିକାର ମୁଖେତବ

ଅନିନ୍ଦ୍ୟ ସୁନ୍ଦରୀଙ୍କ ପ୍ରତି
ନଥିଲା ତ ଲେଶମାତ୍ର ଆକର୍ଷଣ !
ତମେ ଅତିକ୍ରମ କରୁଥିଲ
ଜଣ ପରେ ଜଣେ ସୁତନ୍ୱୀଙ୍କୁ
ପ୍ରାସାଦର ଦ୍ୱାରଦେଶ ପାଶେ
ପହଞ୍ଚିଥିଲି ମୁଁ ଯେ
ଅତି ହିଁ ବିଳମ୍ବେ
ତମ ହାତ ରିକ୍ତ ହୋଇଥିଲା
ଉପହାର ଶେଷ ହୋଇଥିଲା
ମୁଁ ପଚାରିଥିଲି ତମକୁ
'ମୋ ପରି ଅଭାଗିନୀ ପାଇଁ
କ'ଣ କିଛି ଅବଶିଷ୍ଟ ନାହିଁ' ?
ସମୁଦ୍ର ପରି ଗଭୀର ଚକ୍ଷୁରେ
ତମେ ଅପଲକେ ଚାହିଁଥିଲ ମୋତେ
ଲଜ୍ଜାବନତା ମୁଁ ଯେ ହେଲି
ପାଦ ଅଙ୍ଗୁଳିରେ ଭୂମି ପରେ ଗାର କାଟୁଥିଲି ।
କି ସୌଭାଗ୍ୟ ମୋର !
ପରିଶେଷେ ତୁମ ଗଳାର ମର୍କତ ଖଚିତ ହାର
ମୋ ହାତେ ପାଇଲି !
କୋଲ୍ୟ ରାଜା ସୁପ୍ରବୁଦ୍ଧଙ୍କର
ରାଜକନ୍ୟା ରୂପେ ଯଦିଚ
ତୁମ-ମନୋନୀତା ହୋଇଥିଲି ମୁଁ
ମାତ୍ର ପାଣିଗ୍ରହଣ ନିମନ୍ତେ
ତମ ପାଇଁ
ବୀରତ୍ୱର ପ୍ରଦର୍ଶନ କ୍ଷେତ୍ରେ
ଅସ୍ତ୍ରଯୁଦ୍ଧ-ଅଶ୍ୱାରୋହ ଭଳି
ପରୀକ୍ଷା ବି ଥିଲା ।
ସେ ଅତୀତ ସାକ୍ଷୀ ଅଛି !
ଏ ଯଶୋଧାରାକୁ ପାଇବାର ଆଶେ

ଅଶୋକ ବନ ଉପାନ୍ତେ
କ୍ଷତ୍ରିୟ ବୀରମାନେ
ନିଜ ଶୌର୍ଯ୍ୟ-ବୀରତ୍ୱର ପ୍ରଦର୍ଶନ କଲେ !
ମୋତେ ହିଁ ପାଇବା ପାଇଁ
ପରୀକ୍ଷାର ସୀମା ଲଂଘୁଥିଲେ !

ହେ ସିଦ୍ଧାର୍ଥ !
ପରିଶେଷେ ତମେ
ମୋ ପିତା ସୁପ୍ରବୁଦ୍ଧଙ୍କ ଅସ୍ତବଳର
ଅତିକ୍ଷିପ୍ରଅଶ୍ୱ 'ସୌଭାଗ୍ୟ'କୁ
କରାୟତ୍ତ କରି ଆରୋହଣ କଲ
ଆମ ବିବାହ ନିମନ୍ତେ
ଯଥୋଚିତ ଭାବେ ପ୍ରାରମ୍ଭିକ ପର୍ବଟିକୁ
ସମ୍ମାନ ଜଣାଇ ବିବାହ ନିମନ୍ତେ
ତମେ ସ୍ୱୀକୃତି ଯେ ଦେଲ !
ସୁରମ୍ୟ ପ୍ରାସାଦର ସେ
ସ୍ୱର୍ଣ୍ଣିମ ଆଭାରେ ...
ନାନା ବର୍ଣ୍ଣେ ସୁଶୋଭିତ
ପୁଷ୍ପ ଉଦ୍ୟାନରେ
ଭିନ୍ନ ଭିନ୍ନ ପକ୍ଷୀ ଆଉ ପ୍ରଜାପତିଙ୍କର
ଲୁଚକାଳି - ନିର୍ଭୟ ଉଡ଼ାଣ
ମଧୁମକ୍ଷୀ-ଭ୍ରମରର ଗୁଣୁଗୁଣୁ ତାନ
ମୋ ଚକ୍ଷୁ ସମ୍ମୁଖେ ଥିଲା
ପଲ୍ଲବିତ ଋତୁଙ୍କର ନିଃସର୍ଗ ସମ୍ଭାର !
ରାଜସୁଖ - ଆମୋଦ - ପ୍ରମୋଦ
ଭୋଗ ପ୍ରାଚୁର୍ଯ୍ୟରେ ସୁଦ୍ଧା
ତମେ ଥିଲ ଅଘୋରୀ ସନ୍ନ୍ୟାସୀ
ମୁଁ ସାମାନ୍ୟ ବୁଝି ବି ନଥିଲି
ବିବାହୋତ୍ତରର ମୋର

ଅଭିଳଷିତ ସ୍ୱପ୍ନ
ଭବିଷ୍ୟତ ପାଇଁ କେତେ ସଞ୍ଚୁଥିଲା
ଦୁଃଖ ଆଉ ସୁଖ !

(୨)

ସେଦିନର ସ୍ମୃତି ଓ ସ୍ୱପ୍ନଆଉଟା
ସେ ଭବ୍ୟ ପଟୁଆର
ତାରକିତ-ନୀଳାଭ ଆକାଶଗଙ୍ଗା
ଭାସମାନ ବାଦଲ ଖଣ୍ଡରେ
ଲୁଚକାଳି ଖେଳୁଥାଏ
ଜହ୍ନର ସେ ସ୍ୱର୍ଣ୍ଣାଭ ଚାଦର ।
ଠିକ୍ କପିଳବସ୍ତୁର ସେ ରାଜବାଟିକାରେ
ପରିବ୍ୟାପ୍ତ ନିଶାର୍ଦ୍ଧକୁ
ଜ୍ୟୋତ୍ସ୍ନାୟିତ କରେ ଯେବେ ଜହ୍ନ
ଗବାକ୍ଷର ଦୀପଦଣ୍ଡି ଯେବେ
ଦିକ୍ ଦିକ୍ ହୋଇ
ଦିଶୁଥାଏ ନିଃସଙ୍ଗ-ନିଷ୍ପ୍ରଭ ।
ତମର ବିନିଦ୍ର ମୁଖ କିନ୍ତୁ
ପ୍ରଗାଢ଼ ପ୍ରଶାନ୍ତି ଆଉ ଅଦ୍ଭୁତ ଔଜ୍ଜଲ୍ୟେ
ଦୀପ୍ତିମୟ ଦିଶେ ।
ତମେ ଦିଶ ଠିକ୍ ଏକ ନିରୀହ ଶିଶୁ ଭଳି
ଅନାବିଳ-ଶାନ୍ତ-କମନୀୟ
ଚତୁର୍ଦ୍ଦିଗେ ପ୍ରକୃତିର ବିଶେଷ ରୋଶଣୀ
ମୃଦୁ ସମୀରଣ ତୋଳେ ରାଗ ବିଭାବରୀ ।
ଚତୁଃପାର୍ଶ୍ୱ କସ୍ତୁରୀ-ଚନ୍ଦନ ଗନ୍ଧ
ମହମହ ବାସେ
ପାର୍ଶ୍ୱସ୍ଥ ପୁଷ୍ପଉଦ୍ୟାନୁ
ଫୁଲଝରା ସୁଗନ୍ଧ ବି ଛୁଟେ ।

ସଜଫୁଟା ମଲ୍ଲୀ ଓ ମାଳତୀ
ଚିନିଚମ୍ପା-ଯୂଇ-ଜାଇ-ହେନା
କନିଅର-ରାଧାତମାଳର
ଭୁରୁଭୁରୁ ସୁବାସ ଶୀତ୍କାର
ଆମ୍ରକୁଞ୍ଜ-ଦେବଦାରୁବିଲ୍ୱ ପୁଣି
ଜାତିଜାତି ବୃକ୍ଷଙ୍କର ସବୁଜ ସମ୍ଭାର।
ତମ ସ୍ନିଗ୍ଧ ମହାସାନ୍ନିଧ୍ୟରେ
ସଂସ୍ପର୍ଶର ଏକାନ୍ତ ଛନ୍ଦରେ
ମୁହୁର୍ମୁହୁଃ ଥିଲି ତୁମ
ଅନ୍ତରଙ୍ଗ ପ୍ରେମରେ ବିଭୋର।
ଯେତେସବୁ ନିଦଭରା-ତାରାଫୁଟା ରାତି
ତମରି ସେ ସୌମ୍ୟ ମୁଖ ଦେଖି
କେତେ ଶୀଘ୍ର ଯାଇଥିଲା ବିତି
ଶତାୟୁ ସେ ସମୟ ଜାଣିଚି !
ତମ ଧର୍ମପତ୍ନୀ ଭାବେ
ପାଳିଥିଲି ମୋର ପତ୍ନୀବ୍ରତ
ତମରି ସାନ୍ନିଧ୍ୟେ ଥାଇ
ଜୀବନ ମୋ ହେଲା ସତେ
କେମିତି ଯେ ଏତେ ବିଡ଼ମ୍ବିତ !
ଆମ ସେଇ ଶୟନ କକ୍ଷର
ରେଶମୀ ଶେଯ ପରେ ବି।
ଗୋଲାପ ପାଖୁଡ଼ାଙ୍କର କୋମଳ ପରଶ
ସାକ୍ଷ୍ୟଦେବ ବିଗତ ସେ ରାତି
ନିରୁତ୍ତାପ ଆମ ସମ୍ପର୍କର
ଅନାସକ୍ତ-ମୋହଶୂନ୍ୟ ପ୍ରୀତି ବ୍ୟଥା
ମୋ ପାଇଁ ଥିବା ତମ
ନିସ୍ତରଙ୍ଗ ପ୍ରେମ ଓ ବିତୃଷ୍ଣାର କଥା।
କେତେ ଯେ ଅତନ୍ଦ୍ର ରାତ୍ରେ
ଶୃଙ୍ଗାର ଅଭିସାରେ

ସୁଯତ୍ନ-ସସ୍ନେହେ
ତମକୁ ମୁଁ ଆବେଶେ ଖୋଜିଛି
ତମେ ମହାଯୋଗୀ
ମୁଁ ଅବା କେମିତି ବୁଝନ୍ତି ?
ବହୁ ସମୟରେ
ନିଜ ପାଇଁ ନିଜେ
ଆଶ୍ଚର୍ଯ୍ୟ ହୋଇଛି
ସ୍ତ୍ରୀ ରୂପେ କେମିତି ମୁଁ ସତେ
ଶ୍ରମଣ ସାଜିବା ପାଇଁ ନିର୍ବିକାରେ
ଅନୁମତି ଦେଇ ଯେ ପାରିଛି ?
ଆଜ୍ଞାବହ ରୂପେ
ତମ ନିର୍ଦ୍ଦିଷ୍ଟ ଇଚ୍ଛାଙ୍କୁ
ସମ୍ମାନ ଜଣାଇ
ସମର୍ଥନ କଲି ।
ଶ୍ରମଣ ସାଜିବା ପାଇଁ
'ହଁ' କରିଥିଲି ।
ତା'ପରଠୁ ତୁମ ମୁହଁ
ପୂର୍ବାପେକ୍ଷା ଗମ୍ଭୀର ଦିଶିଲା -
ସର୍ବତ୍ୟାଗ କରିବାର ଚେତନାରେ
ତୁମ ମୁଖ ଉଜ୍ଜ୍ୱଳି ଉଠିଲା
ତା'ପରଠୁ ମୁଁ କିନ୍ତୁ
ହସିନି-ଶୋଇନି
ପ୍ରାୟ ଅନାହାର-ଅତନ୍ଦ୍ର ସ୍ଥିତିରେ
ପାଗଳୀଟେ ପରି ସବୁ
ହରାଇ, କାନ୍ଦିଛି !
କେତେ ସତେ ନିଃଶବ୍ଦରେ
ବିଳାପ କରିଛି, କେତେଦିନ ଜଳିଛି-ଝୁରିଛି
ତା'ର ଅବା କିଏ କୋଉ ହିସାବ ରଖିଚି ?
ହୁଏତ ମୋ ଛାତିର ରୁଗୁରୁଗୁ ଜ୍ୱଳନକୁ

ନିଶାର୍ଦ୍ଧର ବିଳାପକୁ
ଶୁଣିଥିବ ଦୂର ସେଇ ଏକାକିନୀ ଜହ୍ନ
କପୋତୀ ବାହୁନା ଭଳି ସମ୍ଭବତଃ
ଅବିକଳ ଶୁଭିଥିବ ତାକୁ
ସମ୍ଭବତଃ ସେଥିପାଇଁ
ତମ ଯିବାପରେ
ଆଉ ଶୟନକକ୍ଷର ସେଇ ନିର୍ଦ୍ଦିଷ୍ଟ ଦିଗରୁ
ହସିବାର ଦେଖିନି ଜହ୍ନକୁ।
ତମେ ହଜିଯିବାପରେ,
ଫଗୁଣ ସଙ୍କେତ ଦେଇ,
ହାତଠାରି ଡାକେ ବୋଲି
କହିନି କାହାକୁ!
ମୋ ଠାରୁ ଦୂରକୁ ଚାଲିଯିବା
ଥିଲା ତମ ଧର୍ମ
ତମକୁ ନପାଇବା ହିଁ ମୋ ପ୍ରେମ।

(୩)

ବିବାହୋତ୍ତରର କ୍ଷଣ କେତେ ସ୍ୱପ୍ନଝରା!
କେତେ ରୂପ-ରଙ୍ଗ-ତୃଷ୍ଣା-ସ୍ପର୍ଶ ଭରା
ଚତୁର୍ଦ୍ଦିଗେ ସୁଗନ୍ଧିତ ମଳୟ ହିଲ୍ଲୋଳ
ରାଜ-ସରୋବର ପାର୍ଶ୍ୱେ ନୀଳପଦ୍ମ
ଚିନିଚମ୍ପା-ମଲ୍ଲୀ ଓ ତମାଳ
ମାୟାମୟ ମଧୁମୟ ସେ ଖଣ୍ଡମଣ୍ଡଳ
ଅନିଷା କରେ ମୁଁ ତମକୁ
ମୁହୂର୍ତ୍ତ ମୁହୂର୍ତ୍ତ ...ତା'ପରେ ବି
ତମ ଆସିବା ହୁଏନି
ରାଜକାର୍ଯ୍ୟେ-ପ୍ରଜାହିତେ ତମର ବ୍ୟସ୍ତତା
ଅସ୍ତଗାମୀ ହୁଏ ସୂର୍ଯ୍ୟ

ଜ୍ୟୋସ୍ନା ଢାଳେ ଚନ୍ଦ୍ର
ପ୍ରତୀକ୍ଷାର କ୍ଷଣ କିନ୍ତୁ ଅସରନ୍ତି
ମୋର ସେ କି ବିଡ଼ମ୍ବିତ ପ୍ରାରବ୍ଧ କେଜାଣି !
ମୋ ଦେହର ରୂପକାନ୍ତି
ତମ ମନେ ଆବେଗ ଆଣେନି
ଦ୍ରବୀଭୂତ ହୁଏନାହିଁ
ତମର ସେ ନିର୍ବିକାର ଚିତ୍ତ ?
ଅଥଚ ତମକୁ ଦେଖିବା ମାତ୍ରେ
ଅଙ୍ଗ-ପ୍ରତ୍ୟଙ୍ଗରେ ମୋର ସଞ୍ଚରିତ ହୁଏ
ସକ୍ରିୟ ଉଲ୍ଲାସ ଆଉ ଅଦ୍ଭୁତ ସନ୍ତୋଷ !

(୪)

ସେପଟେ ତମ ଅନାସକ୍ତି
ଦେହର - ମୋହରୁ
ଏପଟେ ମୋ ଭିତରେ ଚରମ ଆସକ୍ତି
ଗୋଟାପଣେ ତମ ପାଇଁ
ତମକୁ ଦେଖିବା ପରେ
ଜାଗତିକ ଯେତେ ଆକର୍ଷଣ
କିଛି କାହିଁ ପ୍ରଲୁବ୍ଧ କରେନି
ଚାହିଁଲେ ବି ମନ-ହୃଦୟରେ
ତମଠୁଁ ମୁଁ ଦୂରେଇ ପାରେନି !
ତମଠି ତମରି ଭିତରେ
ଶୋଷ ନେଇ ଶେଷ ହେଉଥିଲି
ନ ଚାହିଁବି ମନେମନେ
ତମପାଇଁ ଝୁରି ମରୁଥିଲି ।
ତମ ସେ ଆଖିରେ
ସମୁଦ୍ରେ ପ୍ରଶାନ୍ତି
ଭାବ-ଅଭାବର ନାହିଁ କିଛି ସ୍ଥିତି ..

ସ୍ଥିର ... ସମାହିତ ।
ଏପଟେ ମୋ ଜରାଜୀର୍ଣ୍ଣ ଆର୍ତ୍ତନାଦ
ଅସ୍ପଷ୍ଟ ବାହୁନା
ଅନ୍ଧାରୀ ପ୍ରହର ସବୁ ଦେଇଚାଲେ
ପାପହୀନ-ପ୍ରେମର ଯାତନା !
ମୋ ଆଖିରେ ତମ ଆଖି
ଯଦି କେବେ ମିଶିଯାଏ
ତମେ ମୋତେ ଦେଖୁଅଛ ଭାବି
ମୁଁ ପୁଲକିତ ହୁଏ
ତମେ କିନ୍ତୁ ଅନ୍ତର୍ମଗ୍ନ ଥାଅ ଚେତନାରେ
ଭ୍ରମାତ୍ମକ ସତ୍ୟାଞ୍ଜନ ମୋତେ
ପ୍ରତାରଣା ଦିଏ
ତମରି ସେ ସୁଡ଼ୋଳ ଚକ୍ଷୁରେ ବୋଧେ
ଜଗତ୍ ମିଥ୍ୟାର ସତ୍ୟଟି
ମହାସମାଧିର ଯୋଗ ସାଧୁଥାଏ
ଏପଟେ କିନ୍ତୁ ଏକତରଫା-ମହାପ୍ରେମେ
ମୁହଁ ଖାଲି ଭ୍ରମି ହେଉଥାଏ ।

(୫)

ଜୀବନର ପ୍ରକୃତ ସତ୍ୟର
ମହାଦର୍ଶନ ଆନନ୍ଦେ ତମ ସ୍ମିତ ହସ
ଶାମୁକାର ମୁକ୍ତା ଭଳି ଶୁଦ୍ଧ
ସ୍ଫଟିକର ଅସମ୍ଭବ ଦ୍ୟୋତନା ସଂଶ୍ଳିଷ୍ଟ
ଦେଖି ତମ ଆଖି ତମ ହସ
ଦେଖି ତମ ଚାହାଣୀ - ଇଙ୍ଗିତ
ମୁଁ ହୋଇଯାଏ ତମରି ଆଶ୍ରିତ ।
ଯେତେଯେତେ ତମ ପାଇଁ
ହୁଏ ମୁଁ ଉନ୍ମୁଖ

ସେତେସେତେ ତମେ
ଏ ଜଗତରୁ – ମୋ ଠାରୁ
ହେଉଥିଲ ମୁକ୍ତ
ମୋ ପାଇଁ ତମେ
ସତେ କେତେ ଥିଲ ରୁକ୍ଷ !
ଏ ଗୋପା ପାଇଁ ତମେ ଥିଲ
କେତେ ଯେ ନିର୍ଲିପ୍ତ !
ଅନାସକ୍ତିରେ ତମ ସ୍ପର୍ଶ
ଅନିଚ୍ଛାକୃତ ସମ୍ପର୍କ
ତଥାପି ମୁଁ ପୂରି ଉଠୁଥିଲି
ଆଖି ପାଆନ୍ତାରେ ତମେ ଥିଲ ବୋଲି
ଆନନ୍ଦରେ
ସଂଶୟ – ଭୟରେ
ଆଶ୍ଲେଷୁଥିଲି ତମକୁ
ଗଭୀର ସମର୍ପଣରେ
ପ୍ରସ୍ତପ୍ରସ୍ତ କାମନାକୁ
ନୂତନ ଉଷ୍ଣତା ଦେଇ
ପ୍ରଗାଢ଼ ଆଲିଙ୍ଗନରେ ଜଡ଼େଇ
କାଳେ ତମକୁ ଭଲଲାଗିବ
କାଳେ ତମେ ମୋ ମୋହରେ
କ୍ଷଣିକ ପାଇଁ ବି ମୋହଗ୍ରସ୍ତ ହେବ ।
କିନ୍ତୁ; ଯୋଗୀକୁ କ'ଣ କେହି
ଭ୍ରମିତ କରିପାରେ ?
ଚାହାଣୀ ନା ଚୁମ୍ବନ
ଚାତୁର୍ଯ୍ୟ ନା କାମକଳା ?
କି କି ପ୍ରୟାସ – କି କି ଉଦ୍ୟମ ନ କରିଛି
ବେଳେବେଳେ ପଚାରେ ନିଜକୁ
ତମେ ସତେ ଏମିତି କାହିଁକି ?
ଏପଟେ ଲୁହ – ସେପଟେ ମୋହ

ତା' ଭିତରେ ଅଣାୟତ୍ତ କୋହ
ଗୋଟେପଟେ ମୋ ତୃଷ୍ଣା
ଅନ୍ୟପଟେ ତମର ବିତୃଷ୍ଣା
ମୋ ଯୋଗ - ତମର ବିଯୋଗ
ତମେ ନ ଚାହିଁବି
ମୁଁ ତମ ଗୋପା, ତମ ସ୍ତ୍ରୀ
ଲୁମ୍ବିନୀର ସାଧ୍ୱୀ କି ଭିକ୍ଷୁଣୀ
ମୋ ଦେହରେ ନିମଜ୍ଜିତ ଥିଲା
ତମ ବୋଧିକାୟା
ତମେ ହିଁ ତ ମୋର ସବୁକିଛି
ମୋ ହସ-ମୋ ଜୀବନର ମାୟା
ସର୍ବୋର୍ଦ୍ଧ୍ୱରେ ମୁଁ ହିଁ ତ
ତମ **ବୋଧିଛାୟା !**

ରାହୁଲ – ଏକ ବନ୍ଧନ

ହେ ଭଗବାନ !
ବନ୍ଧନର ଐଶ୍ୱର୍ଯ୍ୟ ଯା'ପାଖେ ଅଛି
ବାରମ୍ବାର ମୃତ୍ୟୁ ଦ୍ୱାର ଦେଇ
ବଞ୍ଚିବାର ସମ୍ଭାବନା ଅଛି ।
ଯେ ନିଜେ ଚାହେଁ ବନ୍ଧନରୁ ମୁକ୍ତି
ତାକୁ ଅବା
କିଏ ଦେବ ଆୟୁଷର ଭେଟି ?
ଜନପଦରେ ତମରି ପ୍ରସଙ୍ଗ
ତମରି ବିଚାର – ସିଦ୍ଧାନ୍ତ
ତମ ନ୍ୟାୟୋଚିତ ତତ୍ତ୍ୱ
ସଂସାରରେ ଥାଇ ନଥିବାର
ଆଚରିଲ–ଅଭିନବ ଯୋଗ ।
ବିରାଗରେ ଥିବା ହୃଦୟ କ'ଣ
କେବେ ବିଭୋର ହୁଏ କି ?
ସେ ବିଭୋର ହୁଏନି
କି ବିଭବ ଖୋଜେନି !
ଊନତ୍ରିଂଶ ବୟସରେ
ମାନବର ଜର – ଜରା
ସନ୍ନ୍ୟାସ–ମୃତ୍ୟୁଜନିତ

ଚତୁର୍ବିଧ ସ୍ଥିତି ସନ୍ଦର୍ଶନ
ରାଜପୁତ୍ର ସିଦ୍ଧାର୍ଥଙ୍କୁ ଦେଇଥିଲା
ଆଲୋକିତ - ଦିବ୍ୟ ପୁନର୍ଜନ୍ମ
ପିତା ଶୁଦ୍ଧୋଦନଙ୍କ ସମ୍ମୁଖେ।

ହେ ସିଦ୍ଧାର୍ଥ !
ତମ ଏ ମହାବୈରାଗ୍ୟ
ନଥିଲା ଅଜ୍ଞାତ
ସେ ଜାଣିଥିଲେ
ରାଜକୀୟ ଭୋଗ-ପ୍ରବୃତ୍ତିରୁ
ସଦା-ନିବୃତ୍ତ ସିଦ୍ଧାର୍ଥ
ଯୋଗଜନ୍ମା ଆଉ ପୂର୍ଣ୍ଣ ସତ୍ୟସନ୍ଧ।
ହେଲେ ତମକୁ ନେଇ
ମୋ ଆବେଗର ସତ୍ୟ
ବୁଝିବି-ବୁଝିନି।
ସବୁ ପ୍ରଶ୍ନର ଉତ୍ତର ଅଛି ବୋଲିତ
ଅନୁରାଗର ବ୍ୟାପକ ସୀମାକୁ
ଅତିକ୍ରମି ଯିବାର ସେ
ଅପାର୍ଥିବପଣଟି ଥିଲା ତୁମର।
ସବୁ ବନ୍ଧନର ଅଳୀକତା
ସ୍ପଷ୍ଟ ଥିଲା ବୋଲିତ
ନିଶାର୍ଦ୍ଧରେ - ମୋହଶୂନ୍ୟ ହୋଇ
ମାତ୍ର ସାତଦିନର ଶିଶୁ ରାହୁଳର
କୋମଳ ହାତ ପାପୁଲିରୁ
ଅନାୟାସେ ମୁକ୍ତ କରିନେଲ ନିଜକୁ।
ସାଧାରଣ ମାନବଟେ କ'ଣ
ଏମିତି ମାୟା ଏଡ଼ିପାରେ ?
ମୋ କଥା ଅବା କିଏ ସେ ପଚାରେ ?
ମମତା କି ସୌହାର୍ଦ୍ଦ୍ୟରୁ ଖିଏ ବି

ମୁହୂର୍ତ୍ତକ ପାଇଁ
ପାରିଲାନି ପଛକୁ ଓଟାରି ...
ନାରୀଟେ ଯୁଗେଯୁଗେ
ପୁରୁଷ-ମହାପୁରୁଷ ଅବା ଦେବତାର
ସହଯୋଗିନୀ
ସହଯାତ୍ରିଣୀ ...
ନୁହେଁ କି ?
ଅବଶ୍ୟ ମୋ ପରି ନାରୀ ଏମିତି ଅନେକ
ଥିଲେ - ରହିଥିବେ ।
ସଂଗିନୀ ସାହଚର୍ଯ୍ୟରେ
ଯୋଗ ସାଧନା କ୍ରମରେ କେତେ ସୁପୁରୁଷ
ଊର୍ଦ୍ଧ୍ୱାୟିତ ପୁଣି ଚିଦ୍-ଗମନ କରିବେ
ମାନବ-ମହାମାନବ-ଅତିମାନବ ସାଜିବେ !
ଜରା-ବ୍ୟାଧି-ମୃତ୍ୟୁ ଓ ସନ୍ନ୍ୟାସ
ଜାଗତିକ ଚାରି ମହାସତ୍ୟ
ତମେ ଗୁଣୁଥିଲ ସନ୍ନ୍ୟାସ
ମୁଁ ଖୋଜୁଥିଲି ତମ ଆଶ୍ଲେଷ
ତମେ ଦେଉଥିଲ ମିଛ ବିଶ୍ୱାସ
ମୁଁ ଆଙ୍କୁଥିଲି ଗାଢ଼ ଚୁମ୍ବନ
ତମେ ଖୋଜୁଥିଲ ମହାନିର୍ବାଣ ।
କପିଳବସ୍ତୁର ସମ୍ରାଟ
ରାତାରାତି ହେଲ ଭିକ୍ଷୁକ
ତ୍ୟାଗକଲ ରାଜପ୍ରାସାଦ
ସାଥେ ନେଲ ଅଶ୍ୱ କନ୍ଥକ
ପୁଣି-ଅନୁଗାମୀ ଭୃତ୍ୟ ଛନ୍ଦକ !
ପିତା-ମାତା-ପତ୍ନୀ
ପୁଣି ନବଜାତ ପୁତ୍ର ରାହୁଲ
ରାଜ୍ୟ-ପୁଣି ରାଜସିଂହାସନ
ମୂଲ୍ୟବାନ ପରିଧାନ ଓ ଭୂଷଣ

ବିସ୍ମରିଲ ସୁସଜ୍ଜିତ ସୁକେଶ ବିନ୍ୟାସ
ତ୍ୟାଗକଲ ସାଂସାରିକ ବିଳାସବ୍ୟସନ !
ଛନ୍ଦକ-କନ୍ଥକ ପଥ ମଧ୍ୟୁ ଫେରେଇଲ
ନିଘଞ୍ଚ ଅରଣ୍ୟାନୀରେ ଅଦୃଶ୍ୟ ହୋଇଗଲ
ସାଧନା ପଥରେ
ସୃଷ୍ଟି ରହସ୍ୟ ନେଇ, ସତ୍ୟ ଅନ୍ୱେଷିଲ !
ଜଗତ କଲ୍ୟାଣ ପାଇଁ
ତମକୁ ଯିବା ନିମନ୍ତେ
ଅନୁମତି ଦେବା ଥିଲା
ଘୋର ପତ୍ନୀବ୍ରତ !
କିନ୍ତୁ ତମ ସ୍ୱାମୀତ୍ୱ ... ପ୍ରଭୁତ୍ୱ ନିକଟେ
ମୋ ପାଇଁ କ'ଣ
କିଛି ତମର ନଥିଲା ଦାୟିତ୍ୱ ?
ସଭ୍ୟତା ଓ ସମୟ ଆଗରେ
ତମକୁ ତ୍ୟାଗ କରି
ମୁଁ ମହାନ୍ ନାରୀ ହେଲି
କାହିଁକି ନା
ରାଜ୍ୟରୁ - ରାଜାପଣରୁ
ଲୁମ୍ବିନୀର ପାଣି - ପବନରୁ
ଜୀବନ ମୋହରୁ
ମୋ ଦେହ ଛାୟାରୁ
ଏକନିଷ୍ଠ ପତ୍ନୀ ଭଳି
ତମ ଇଚ୍ଛାକୁ ହିଁ ତ
ନିର୍ବିକାର ଚିତ୍ତେ
ମାନି ନେଇଥିଲି ।
ତମ ଯିବା ପୂର୍ବରାତି କଥା କହେ
ତମେ ଚାହୁଁଥିଲ ମୋ ଛାଇରୁ ମୁକ୍ତି
ଆବଦ୍ଧ ଦେହଳୀରୁ
ଅବାଧ ଶୂନ୍ୟତାର ପଥିକ ହେବାକୁ

ତମ ସତ୍ୟନିଷ୍ଠାର ସ୍ୱୀକୃତି
ଏ ଗୋପାର ସ୍ୱୀକାରୋକ୍ତି
ସେ ରାତିର ମୋହାବିଷ୍ଟ ବଳୟରେ
ତମ ବଳିଷ୍ଠ ବାହୁ ବେଷ୍ଟନୀରେ
ମୁଁ ଜାଣିଶୁଣି ଧରାଦେଉଥିଲି ।
ଲାଜକୁଳୀ ଲତା ପରି ମୋ କୃଶ ଅବୟବ
ସପ୍ତଫେଣୀ ମଧୁକୋଷ
କାମନାର ତୀବ୍ର ପୁଷ୍ପରାସ
ତମ ଊର୍ଦ୍ଧ୍ୱଶ୍ୱାସ
ମୋର ସଂସ୍ପର୍ଶ
ତମ ଅନାସକ୍ତି - ଊର୍ଦ୍ଧ୍ୱଗମନ
ତଥାପି ମୋ ଦେହରେ
ଅନୁଭବୁଥିଲି ତୁମ ସ୍ପର୍ଶ ଶିହରଣ ।
ମାତ୍ର ଜାଣେ ମୁଁ
ତମେ ଖୋଜୁଥିଲ ରାହା
ମୁଁ ଠିକ୍ ଯୂପକାଠ ପରି
ତମ ବିରକ୍ତି ଯଜ୍ଞରେ
ମୁହୁର୍ମୁହୁଃ ସର୍ବାଂଶରେ
ହେଉଥିଲି ସ୍ୱାହା
ସେ ଆଶ୍ଳେଷ ... ସେ ଆଦର
ପୂରା ମିଛ ଥିଲା
ମୋ ମଥାରେ ଶେଷ-ଉଷ୍ମ ଚୁମ୍ବନଟେ ଆଙ୍କି
ସଂସାର ତ୍ୟାଗପତ୍ରରେ
ଚାହିଁଥିଲ ମୋର ସମ୍ମତି
ଲକ୍ଷ୍ୟ ଥିଲା - 'ମୋ ଠାରୁ ହିଁ ମୁକ୍ତି' ।
ମୋ ପ୍ରଶ୍ୱାସ ... ନିଃଶ୍ୱାସରେ ବିଲୀନ ହେବାକୁ
ସେ ନିର୍ଜନ ନିଶାର୍ଦ୍ଧେ ତା'ର
ଏକମାତ୍ର ସାକ୍ଷୀ ।
ସ୍ପନ୍ଦନ ଭିତରୁ ସ୍ପନ୍ଦନକୁ ଯିବାକୁ ଦେବାର

ପୀଡ଼ା କ'ଣ କେହି ବର୍ଣ୍ଣିପାରେ !
ମୁଁ ଭୋଗିଛି ।
ହସିହସି ନିଜର ପ୍ରିୟ ମଣିଷକୁ
କେହି କ'ଣ ବିଦାୟ ଦେଇପାରେ !
ମୁଁ ଦେଇଛି ।
ତମ ମୋହମୁକ୍ତି - ସଂସାର ବିରକ୍ତି
ତମକୁ ଛାଡ଼ିବା ପରେ
ପୁଣି ଥରେ ପାଇବାର ସ୍ମୃତି ..
କୁହ କେମିତି ବିସ୍ମରି ଥାନ୍ତି
ସେଇସବୁ ଅନ୍ତରଙ୍ଗ ସ୍ମୃତି !
ବିରୋଧାଭାସର ସ୍ଥିତିରେ ମୋର ଅନୁରକ୍ତି
ପୁଣି ତମ ଫେରିବାର ଆଶା ..
ନ ଥିଲା ମୋ ପାଶେ ..
ଉଜାଣି ସ୍ରୋତର ଧାରା
ଆଉ କ'ଣ ଫେରିପାରେ କେବେ !
ସରି ଆସୁଥିବା ପ୍ରହର
ଶେଷ ବିଦାୟର
ହାତ ମୁଠାରୁ ହାତଟି ଖସିଯିବାପରେ
ଆଉ ନ ଫେରିବା
ଚାଉଁଚାଉଁ ବଢୁଥିବା ହୃଦ୍ ସ୍ପନ୍ଦନ ଭିତରେ,
ଏବେ ବି ପ୍ରଶ୍ନ କରେ ନିଜକୁ
ମୁଁ କିପରି ତମକୁ
ବିଦାୟ ଦେଇଥିଲି ସିଦ୍ଧାର୍ଥ !
ମୁଁ କେମିତି ଏତେ ଦୃଢ଼ ହେଲି ?
କେମିତି-କେମିତି ?
ତମେ ଥାଇ ମୋର ମଧ୍ୟ ନଥିବ
ଆଖି ଆଗ ଜଗତରେ ଥାଇ ମଧ୍ୟ
ମୋ ଆଗେ ନଥିବ ..
ତମେ ଥିବ ... ଅଥଚ ନଥିବ

ଏମିତି କେମିତି ସ୍ତ୍ରୀଟେ ସହିବ ?
ରାଜବାଟିକା ଉପରେ
ଜହ୍ନ-ତାରା-ଭସା ଖଣ୍ଡ ମେଘର ଆସର
ସୁବର୍ଣ୍ଣର ସ୍ତମ୍ଭ ଦେଶେ
ହୀରା - ନୀଳା ଚାନ୍ଦୁଆର
ଧୀର ସମୀରଣ
ପୁଣି ଦୋଳନ-ଉଡ୍ଡାଣ ..
ତା' ଭିତରେ ଅସମ୍ଭବ ମୋ ହୃଦ ଜ୍ୱଳନ
ଗ୍ରହ-ନକ୍ଷତ୍ରଙ୍କ ସତେ ଥିଲା ବକ୍ରଚଳନ
ସ୍ୱାମୀଟେ ପତ୍ନୀ ପାଇଁ ଜୀବନ !
ପ୍ରେମକୁ - ମନକୁ ଆବଦ୍ଧ କଲେ
ସେ ଅବାଧ ହୁଏ
ଦୁଃଖକୁ - କ୍ଷୋଭକୁ ଆକଟ କଲେ
ସେ ପ୍ରକଟ ହୁଏ ।
ତମେ ଥିଲ ପ୍ରଶାନ୍ତ ସନ୍ନ୍ୟାସୀ
ମୁଁ ତୁମର ଅନ୍ଧୁଣୀ ପ୍ରେୟସୀ ..
ତମ ବିରାଗ ସତ୍କାର ପରେ
ନିଃଶବ୍ଦ ଭୂକମ୍ପ - ତୀବ୍ର ଆର୍ତ୍ତନାଦ
ବିକଳ ଆବେଗର
ଧ୍ୱଂସସ୍ତୂପ ଭିତରେ ବି
ତମ ଫେରିବାର ଆବେଶ ନେଇ
କ୍ଷଣକ୍ଷଣ ଝୁରି ହେଉଥିଲି
କେବେ ଅସହାୟତାରେ
ଯନ୍ତ୍ରଣାର ଢୋକ ଚାପୁଥିଲି ।
ତମେ ଜାଣ ?
ମୁଁ ଶୁଣିପାରେ ତମକୁ
ତମେ ମୋତେ ନଖୋଜିଲେ ବି
ମୁଁ ଖୋଜି ଚାଲେ ତମକୁ !

ସିଦ୍ଧାର୍ଥଙ୍କୁ ଶେଷ ବିଦାୟ

ଏବେ ବି କାଲି ପରି ମନେଅଛି
ତମ ଠାରୁ ମୋର
ଶେଷ ସେ ବିଦାୟ
ମୋ ହାତରୁ ତମ ହାତ ଯେବେ
ଧୀରେଧୀରେ ଖସୁଥିଲା
ଆଉ ଝରୁଥିଲା ଶେଷତମ ଅଶ୍ରୁ
କହୁଥିଲା ଅସ୍ପଷ୍ଟେ ତମକୁ
- ରୁହ ଆଉ କ୍ଷଣେ
ଯାଅନି ମୋ ପାଶୁ
ଦୂରେଇଦିଅନି ତମଠୁ ।
ଲୋତକପ୍ଳାବିତ ଚକ୍ଷୁ
ଦିଶୁଥିଲା ନିଷ୍ପ୍ରଭ-ଅସ୍ପଷ୍ଟ
ଧୂଆଁଳିଆ...ବେଦନାର୍ତ୍ତ
ବାହୁନାରେ ଆର୍ଦ୍ର
ତମକୁ ମୁଁ ଖୋଜୁଥିଲି
ଆଉଥରେ ମନଭରି ଦେଖିବାକୁ
ଶେଷଥର-ଅଦୃଶ୍ୟ ହେବା ପୂର୍ବରୁ
ଛାଡ଼ିବିନି-ଛାଡ଼ିଦେବି କହି
ଛାଡୁ ହିଁ ନଥିଲି ।

ପୁଣି ଥରେ କହିଥିଲି ସମ୍ଭ୍ରମରେ-ବିନମ୍ରରେ
'ତମେ ଯାଅନି ମୋ ଠାରୁ।'
ତମ ଭାବହୀନ ମୁଖରେ
ରହିଯିବାର ଚିହ୍ନ ହିଁ ନ ଥିଲା।
କେଉଁ ମୁହୂର୍ତ୍ତକ ପାଇଁ
ମୁଁ ଦେଖିନି ତମ ସେ ଆଖିରେ
କିଛି ଚାହିଁବାର କ୍ଷଣ -
ହୁଏତ ମୋ ପ୍ରତି ନିଛକ ପ୍ରେମର ସେ ଚିହ୍ନ
ତା' ପରକ୍ଷଣେ
ଦିଶିଥିଲ ତମେ ଭାରି ଗମ୍ଭୀର-କଠୋର।
କପିଳାବସ୍ତୁରୁ ତମେ ଗଲା ପରେ
ଭୋଦୁଅ ସକାଳ-ଫଗୁଣଗୋଧୂଳି
ଚଇତାଳି ସଂଜ-ନିଦାଘର ଯେତେ ସ୍ତବ୍ଧ ଦ୍ୱିପ୍ରହର
ଶ୍ରାବଣ ରାତିର ସେ ନିଛାଟିଆ କ୍ଷଣ
ଉଆଁସ ରାତିର ଯେତେ ମଳିଛିଆପଣ
ସବୁଠି ଅସହନୀୟ-ଖାଁ-ଖାଁ ନିରବିତ
ଶୂନ୍‌ଶାନ୍ ମନ-ପ୍ରାଣ ଓ ଜୀବନ।
ମୋ ସକ୍ରିୟ ଉଚ୍ଛ୍ୱାସରେ
କ୍ଳାନ୍ତ-ସ୍ଥବିରତା
କେବଳ ନାରୀଟିଏ ବୁଝିପାରେ
କିଛି ହଜେଇବା ପରର ସେ
ନିଷ୍କ୍ରିୟ ଜଡ଼ତା!
ଗବାକ୍ଷର ସ୍ତିମିତ ଦୀପାଳି
ତୂଳୀତଳ୍ପ ଶେଯ ବିଛା ପଲଙ୍କକୁ
ହାତେ ଛୁଇଁ ଖୋଜେ
ସତେ ଅବା ଅଭିମାନେ
ଜଡ଼ସଡ଼ ବିରହୀ ଆତ୍ମାଟେ
ଆନମନା ହୋଇ
ବାରମ୍ବାର ଅତୀତକୁ ଲୋଡ଼େ।

ତମେ ନଥାଇବି ମନେମନେ ଭାବେ
ତମେ ଦିନେ ଫେରିବ ନିଶ୍ଚୟ ...
ଲୁହପୋଛି-ପରକ୍ଷଣେ ପୁଣି ମୁଁ ବିଚାରେ
ବାଟଭାଙ୍ଗି ଯିଏ ଥରେ ଚାଲିଯାଇଥାଏ
ଆଉ କ'ଣ ସିଏ ସ୍ୱଇଚ୍ଛାରେ ଫେରେ ?
ତମେ ତ ବାଟ ଭାଙ୍ଗି ନଥିଲ
ବାଟ ଆଉ ସତ୍ୟ ଖୋଜିବାକୁ
ହାୟ କାହିଁ ନିଜେ ହଜିଗଲ ?
କେମିତି ମୁଁ ବୁଝେଇଥା'ନ୍ତି କୁହ
ତମ-ମୋ ଭିତରେ ଥିବା
ସମାନ୍ତରାଳ ଯୋଜନକୁ ଅତିକ୍ରମି
କେବଳ ତମ ପାଇଁ
ମୋ ଗଭୀର ଅନୁରାଗ ସମ୍ପର୍କରେ !
ରୁଦ୍ଧକଣ୍ଠେ ଦୀର୍ଘଶ୍ୱାସ
କୋହ ଆଉ ଦରଜ ସମ୍ବନ୍ଧେ !
ତମ ପାଇଁ ଦୀପ ଭଳି ଜଳିଛି ମୁଁ
ଅନାହାରେ-ଅନିଦ୍ରାରେ
ଥୋପିଥୋପି ଅଶ୍ରୁ ଢାଳି
ପ୍ରତୀକ୍ଷା କରିଛି ସେ ଫେରନ୍ତା ପ୍ରହର !
ସହିଛି ନିରବତାର ସେ ଶ୍ୱାସରୁଦ୍ଧ କ୍ଷଣ
ଯାହା ଥିଲେ ମୋ ପାଇଁ
ସ୍ତବ୍ଧ.... ନିରୁତ୍ତର ।
ଏ ନିରୀହ ପ୍ରେମ-ଅସମାପ୍ତ ବିରହ ନିମନ୍ତେ
ଏଇ କ'ଣ ଥିଲା ମୋ ପାଇଁ
ତମ ଶ୍ରେଷ୍ଠ ଉପହାର !

ଥରେ ବିଚାର କର ଗୌତମ !
ନାରୀ ପାଇଁ କେତେ କଷ୍ଟ
ସନ୍ତୁଳିତ ଜୀବନ ବଞ୍ଚିବା

ନାରୀଟିଏ ସବୁବେଳେ ନିରାପତ୍ତା ଖୋଜେ
ବିଶ୍ୱାସ ସାଉଁଟିବାକୁ
ପ୍ରତିଶ୍ରୁତି ମାଗେ
ଥରେ ନୁହେଁ
ଆଜୀବନ
କ୍ଷଣେ ନୁହେଁ
ପ୍ରତିକ୍ଷଣ।
ପ୍ରେମର ଏକାନ୍ତପଣକୁ
ଜୀବନର ଶେଷଯାଏ
ଗୋଟାପଣେ ତା'ର ହେବାକୁ।
ଏକପାର୍ଶ୍ୱେ ସ୍ୱାମୀ ଅନ୍ୟପାର୍ଶ୍ୱେ ସନ୍ତାନ
ଏ ଦୁଇ ବିନ୍ଦୁରେ ଥାଇ
ଶେଷ ହୁଏ ନାରୀର ଜୀବନ।
ନାରୀ ପାଇଁ କ'ଣ ସତେ ଲୋଡ଼ା
କେବେ କ'ଣ ଭାବନ୍ତି ତା'
ସ୍ୱାମୀ କି ସନ୍ତାନ ?
ତମେ ଚାଲିଯିବାପରେ
ଶିଶୁପୁତ୍ର ରାହୁଲର ଯତ୍ନ
ତମ ରାଜ୍ୟ-ପରିବାର ନେଇ
ମୋ ଉପରେ କେତେ ଯେ ଦାୟିତ୍ୱ
ତମ କଥା ଭାବିଲାବେଳକୁ
ଅନ୍ୟପଟେ କର୍ତ୍ତବ୍ୟ ଆହ୍ୱାନ !
ନିଗିଡ଼ା ଲୁହକୁ ପୋଛି
ବାଟ ଚାଲିବା ନିମନ୍ତେ
ତମ ସ୍ମୃତି ଥିଲା ମୋର ଏକାନ୍ତ ଆଶ୍ରୟ !
ଯଦି ଶ୍ରମଣ ହିଁ ହେବାର ଥିଲା
ମୋତେ ପାଇବାକୁ
କାହିଁ କଲ ଏତେ ଯୁଦ୍ଧ-ଏତେ ଶ୍ରମ ?
ପିତୃ ଆଜ୍ଞା ଶିରୋଧାର୍ଯ୍ୟ କରିବାକୁ ଯାଇ

ମୋ ପାଇଁ କାହିଁକି ଏତେ
ନିଷ୍ଠୁର ଯେ ହେଲ ?
ହୋଇପାରେ ଏଇ ତମ ରାଜପୁତ୍ରପଣ
କିନ୍ତୁ ଏତାଦୃଶ ତମରି ନିଷ୍ପତ୍ତି
ମୋ ବିଦଗ୍ଧ ପ୍ରେମ-ତ୍ୟାଗ
ଶ୍ରଦ୍ଧା ଆଉ ଅନୁରାଗ ପ୍ରତି
ଥିଲା କିନ୍ତୁ-ନିଦାରୁଣ ଅତି !
ସେ ଦିନର ସମୟକୁ
ଅନୁରୋଧ କରି
ପୁଣି ବିରୋଧ କରି
ଅବା ପ୍ରେମତନ୍ତ୍ରେ କରାୟତ୍ତ କରି
ଅଟକେଇବାକୁ ଚାହୁଁଥିଲି
ତମକୁ ଯିବାକୁ ନଦେଇ
ଯିବାର ସେ ଅଶୁଭ କ୍ଷଣ ସବୁକୁ
ମୋ ପ୍ରେମରେ ଢାଙ୍କି ଦେବାପାଇଁ ।
ତମ ଯିବା ନିର୍ଧାର୍ଯ୍ୟ ତ ଥିଲା
ଦେହଲଗା ମଣିଷକୁ
ନିଜ ଛାଇରୁ ବିଦାୟ ଦେବା
ଦେବତା ପକ୍ଷରେ କ'ଣ
ସହଜ କି ଭଲା ?
ଏବେବି ଯିବାକୁ ଚାହେଁନି
ତମ ଭାବ ସମ୍ମୋହରୁ
ଏମିତି ମୁଁ ଯୁଗେଯୁଗେ
ତମ ଅପେକ୍ଷାରେ
ଜଳିବାକୁ ଚାହେଁ ।
ଚିନ୍ତା ହିଁ ତ ଚିତା
ମୋ ପ୍ରେମ-ମୋ ବିରହର
ଏ ଅଲୋଡ଼ା କବିତା !

ସିଦ୍ଧାର୍ଥ !

ତମେ ଅନୁଭବ ଦେଇନଥିଲେ
କ'ଣ କେହି କାହା ପାଇଁ
ଏମିତି ଛଟପଟ ହୋଇପାରେ କେବେ ?
ନା ନା ଏ ଦୈନ୍ୟ - ବୈକଲ୍ୟ
ତମକୁ ପାଇବାକୁ ନୁହେଁ
କେବଳ ଆଖିଭରି ଦେଖିବାକୁ ।
ଜୀବନ ସଂଘାତର ଅଧ୍ୟାୟକୁ
ତମକୁ ଅବା ମୁଁ କ'ଣ ବୁଝେଇବି ?
ତମ ନଥିବା ବି ମୋ ପାଇଁ ଥିବା ପରି
ଯଦିଓ ତମକୁ ଆଖିଆଗେ ଦେଖିବାକୁ
ଚାହୁଁଥିଲି ମନଭରି
ପ୍ରତିନିୟତ-ମୁହୂର୍ତ୍ତ ମୁହୂର୍ତ୍ତ
ଆଖି ମୋର ଖୋଜିଛି ତମକୁ
ରାଜପ୍ରାସାଦରେ....
ଗୁମ୍ଫା ଅବା ଘଞ୍ଚ ଅରଣ୍ୟରେ ।
ଆଖି ଆଗେ ନଥାଇ ବି ଥିଲ
ମୋ ପାଇଁ ନହେଲେ ବି
ସର୍ବଜନ ହିତ ପାଇଁ ଥିଲ ତ !
ସେଇ ତମ 'ଥିବା' ଅନୁଭବଟି ତ
ଥିଲା ମୋର ହସ-କ୍ଷତ-ସନ୍ନ୍ୟାସ ପାଥେୟ !
ମୁଁ ଯେବେ ଯେବେ ଖୋଜିଥିବି
ଅବା ଝୁରିଥିବି
ତମ ଭାବ - ଭାବନାରେ
ମୋ ସ୍ମୃତି
ଆନ୍ଦୋଳିତ କରି ନଥିବ ନିଶ୍ଚୟ ।
ସମ୍ଭବତଃ ତମେ ନିୟନ୍ତ୍ରଣ କରିଥିବ ମନକୁ
ଧ୍ୟାନରେ-ଯୋଗରେ-ଅଧିବାସରେ
ଯଦି କେବେ ମନେପଡ଼ିଥିବି,

ମୋତେ ମାୟା ଆଉ
ବନ୍ଧନର ଦ୍ୱାର ଭାବି
ଅତିକ୍ରମିଯିବାର ଦୁର୍ବାର ପ୍ରୟାସ କରିଥିବ।
ଜାଣ କି ଅବସ୍ଥାରେ ଥିଲି ମୁଁ?
ଗୋଟେପଟେ ତମେ ଦେଇଥିବା
ନିର୍ବାଚିତ ସ୍ମୃତିର ମହମହ ଗନ୍ଧ
ଅନ୍ୟପଟେ ନିଷିଦ୍ଧ ଜଗତରେ
ତମେ ଥିବା ସତ୍ତ୍ୱେ
ତମକୁ ନପାଇବାର
ଡହଡହ ଦ୍ୱନ୍ଦ୍ୱ-
ତମେ ଥିଲ ମୋ ଭାବନାର କେନ୍ଦ୍ର
ତମେ ଥିଲ ମୋ ହସର ସ୍ମାରକ
କିନ୍ତୁ, ତମେ ହେଲ ପୁଣି
ମୋ ଦୁଃଖର କାରକ।
ଲୁମ୍ବିନୀ ଅନ୍ଧାରର
ଶେଷ ଉପାନ୍ତରେ ବି
ମୁଁ କେତେ ଖୋଜିଛି ତମକୁ
ଖୋଜିଛି ଏଥିପାଇଁ କାଳେ ଦୀପହୋଇ
ଜଳୁଥିବ କି ମୋ ପାଇଁ!
ମୋର - ତମ ପର୍ଯ୍ୟନ୍ତ
ପ୍ରଲମ୍ବିତ ମାର୍ଗ ଯାଏ
ସ୍ତିମିତ ତେଜ ଧାପେ ହୋଇ
କାଳେ ଲିଭୁ ଲିଭୁ ଜଳିଥିବ
କାହିଁକିନା ମୁଁ ଦେଖିଚି ତମକୁ
ଅନ୍ଧାରରେ ଅନ୍ଧାର ପାଲଟିବାର
ଘନ ତମିସ୍ରାରେ
ଜାତି - ଗୋତ୍ର ସତ୍ତା ହରାଉଥିବା
ସେଇ ପ୍ରଣବ ପ୍ରହର!

ସେ ଅନ୍ଧାର ବି
ଠିକ୍ ତମପରି ଗମ୍ଭୀର - ନିରୁତ୍ତର
ସିଦ୍ଧାର୍ଥ !
ତମ ପାଇଁ ଅନ୍ଧ ମୋର ପ୍ରେମ ...
ତମ କଥା ଭାବି
ପ୍ରଗାଢ଼ ପ୍ରତ୍ୟୟରେ ଆଉ କାହାକୁ ଚାହିଁନି
ମଧୁଲଟା ପରି ଲଟେଇନି
ତମ ଛଡ଼ା ଆଉ କାହା କଥା
କାହିଁ କେବେ ବିଚାର କରିନି ସିଦ୍ଧାର୍ଥ !

ହେ ସିଦ୍ଧାର୍ଥ !
ଶ୍ରାବଣର ଅସରାଏ ବର୍ଷା ପରି
ହଠାତ୍ କେବେ ଆର୍ଦ୍ର କରି ଆଖି
ଆଉଟେଇ ଯାଇଛ ଯେବେ
ମୋ ଅନ୍ତରକୁ
କୋହ ଆଉ ମୋହର ସୀମାନ୍ତେ
ବିପଥୁ ମୁଁ ଟି
ଲୁହ ଢାଳି କ୍ରନ୍ଦନ କରିଚି
ତିଳେ ମାତ୍ର ଦେଖିବାକୁ
ଅଝଟ କରିଛି
ଠିକ୍ ଗୋଟେ
ଅସହାୟ-ଶିଶୁଭଳି
ଦୀର୍ଘ ସମୟ ଯାଏ
ନିରବରେ-ତୁନିହୋଇ
ମୁହଁ ପୋତି ବସିଛି ।
ଓଜନିଆ ଭରା ଅଭିମାନେ
ସୁଷୁପ୍ତ ମନର ସେ ହୁଙ୍କାକୁ ଆଉଜି
ତମେ ଯାଇଥିବା ରାସ୍ତାକୁ ଅନେଇ
ଫେରିବ କି ନ ଫେରିବ ଉତ୍ତର ନଚାହିଁ !

ସେମିତି ଅଦ୍ଭୁତ ଜିଦ୍-ରେ
ତମେ ଯାଇଥିବା ରାସ୍ତା ଆଡ଼େ ଚାହିଁ
ହୁଏତ ମୁଁ ବସିଥିବି କେତେ ରାତି
ଯୁଗଯୁଗ ଅପେକ୍ଷା ଇଚ୍ଛାରେ,
ତାରାଙ୍କୁ ସାକ୍ଷୀ କରି
ଧର୍ମର ଦ୍ୱାହି ଦେଇ !
ଜାଣେ ମୁଁ ସିଦ୍ଧାର୍ଥ
ତମ ପାଇଁ ଯେତେକ
ମୋ ଯନ୍ତ୍ରଣା-ସନ୍ତାପ
ପୂର୍ଣ୍ଣ ଅକପଟ-ନିରୀହ-ନିଷ୍ପାପ !

ହେ ସିଦ୍ଧାର୍ଥ !
ଏମିତି ହୁଅନ୍ତାନି ?
ଗତାୟୁ ସମୟର ସୀମା ଡେଇଁ
ସ୍ୱୀକାର କରନ୍ତ ମୋର ଯେତେ ପ୍ରତୀକ୍ଷାକୁ
ବିଗତ ପ୍ରହରଙ୍କ କ୍ଷତ ଏଡ଼ି
ଅନୁଭବନ୍ତ କିଛି ଭିନ୍ନ ସ୍ପନ୍ଦନକୁ
ସେଇ ଗଡ଼ିଆସିଥିବା ଗଣ୍ଡାଳିକାର
ପାହାଚ ଉପରେ ..
ବାଲି କାଗଜ ରଗଡ଼ି
ଯତ୍ନରେ ଲିଭେଇ ଦିଅନ୍ତ
ଖସଡ଼ା ଶିଉଳିର ଯେତେ ପ୍ରାକ୍ତନ ପ୍ରଶ୍ନଙ୍କୁ
ତମ ନିସ୍ତରଙ୍ଗ ଆଖି ଦେଇ
ଭେଟି ପାରନ୍ତନି
କେବଳ ମୋ ପାଇଁ କିଛି ଅଶ୍ରୁସିକ୍ତ ମୂହୁର୍ତ୍ତଙ୍କୁ !
ତମରି ସେ ପ୍ରଯତ୍ନ ଭିତରେ
ଯୁଗାନ୍ତରର ଶିଳା ଚୂନା କରି
ଯୁଗପତ୍ ମୋ ଶ୍ରଦ୍ଧାକୁ ପାରନ୍ତକି ଛୁଇଁ !

ହେଉପଛେ ଯତ୍ ସାମାନ୍ୟ
ଯାହା ଖାଲି - ଖାଲି ତମ ପାଇଁ!

ମୁଁ ଗୋପା
ତମ ସୂକ୍ଷ୍ମ କିନ୍ତୁ ସୀମିତ ସ୍ମୃତିରେ
ବଞ୍ଚିବାର କଳା ଶିଖୁଥିଲି
ପ୍ରେମିକାର ଭୂମିକାରେ
ଅନ୍ତରର ଥୋପିଥୋପି ଅନ୍ତିମ ପ୍ରେମକୁ ବି
ମାଳାକାର ଭଳି
ଗୁଣୁଥିଲି-ବୁଣୁଥିଲି
କାଳେ ତନ୍ତ୍ରଠୁ ବି ଶକ୍ତିଶାଳୀ
ମନନର ସୂକ୍ଷ୍ମ ଶକ୍ତି!
ହୁଏତ ଟାଣିହେଇ ଆସିବ ମୋ ପାଶେ!
କିନ୍ତୁ ସତ କୁହ,
କିଏ ରୋକୁଥିଲା-କିଏ ଛନ୍ଦୁଥିଲା ତମକୁ
ସତ୍ୟାନ୍ୱେଷଣ ନା ସନ୍ନ୍ୟାସର ଦାୟ!
ସ୍ୱାମୀ ରୂପେ ସ୍ତ୍ରୀ ପାଇଁ
ସେଇ କ'ଣ ଥିଲା ତୁମ ନ୍ୟାୟ!
ମୁଁ ଜାଣେ
ତମେ ପୂର୍ଣ୍ଣରେ ଅପୂର୍ଣ୍ଣ
ସବୁ ସୁଖରେ ଅସୁଖୀ ଥିଲ
ପ୍ରଜ୍ଞାରେ ଉଜ୍ଜ୍ୱଳି
ମୁକତିର ମାର୍ଗ ଖୋଜୁଥିଲ
ପ୍ରଜାଙ୍କର ହିତପାଇଁ
ଅହିଂସା-ଦୟା-କରୁଣାରେ
ମହୋଦଧି ଭଳି ତମେ ମହାବ୍ୟାପ୍ତ ଥିଲ
ଅସ୍ତ୍ର ଶସ୍ତ୍ର
ସର୍ବଶାସ୍ତ୍ର ବିଦ୍ୟାରେ ନିପୁଣ

ଜୀବନଦର୍ଶନ ନେଇ
ଜାଗତିକ ଭୋଗପ୍ରତି
ଉଦାସୀନ ଥିଲ !
ଏକାଗ୍ର ସାଧନା ପଥେ
ଏ ସୃଷ୍ଟି ରହସ୍ୟ ନେଇ
ସତ୍ୟ ଅନ୍ୱେଷିଲ
ଗ୍ରାମ-ଉପତ୍ୟକା
ଅନ୍ତରୀକ୍ଷ-ନିଘଞ୍ଚ କାନନେ
ମୃତ୍ୟୁ ସତ୍ୟ-ତୃଷ୍ଣା ମୁକ୍ତ
ପଥ ଖୋଜୁଥିଲ ।
ଆଉ ମୁଁ ଖୋଜୁଥିଲି
କେବଳ ତମକୁ
ଏ ସଂସାରର ସବୁକୁ ତୁଚ୍ଛ କରି
ଖୋଜୁଥିଲି ତମ ଉପସ୍ଥିତି
ଏକ ତରଫା ମୋ ପ୍ରେମ ନେଇ
ମୁହୂର୍ତ୍ତଟେ ଖାଲି ମୋ ପାଇଁ
ତମ ଛାତିର ସେ ନିଷିଦ୍ଧ ପ୍ରକୋଷ୍ଠେ
କେବଳ ମୋର ଦୀର୍ଘ ଉପସ୍ଥିତି ପାଇଁ ।

ପରିବ୍ରଜ୍ୟା

ପାନ୍ଥଶାଳା ଏ ଜଗତ
ପାନ୍ଥକୁ ହିଁ ମିଳିଥାଏ ଚାଲିବାର ପଥ !
ଯେମିତି ତମେ ଚାଲିଗଲ ନିର୍ଧାର୍ଯ୍ୟ ଲକ୍ଷ୍ୟରେ
ପଛରେ ଛାଡ଼ିଦେଇ
ଜୀବନର ଯେତେ ସବୁ ଅଳୀକ ବିଷୟ
କଠୋରପନ୍ଥୀ ସାଜି ଉଦାସୀନତାରେ ।

ହେ ଗୌତମ !
ତମେ ଥିଲ ଏ ଜଗତର ନିଆରା ପଥିକ
ଜୀବନ୍ମୁକ୍ତି-ସମାଧି ସ୍ଥାପକ ।
ଶୁଣିଲି ସନ୍ନ୍ୟାସୀ ବେଶରେ
ମଗଧର ରାଜଧାନୀ
ରାଜଗୃହ ନଗର ବାହାରେ ଥିବା
ଆମ୍ରକୁଞ୍ଜ ଠାରେ
ସପ୍ତଦିନ ବ୍ୟାପୀ
ସତ୍ୟ ସନ୍ଧାନେ ରହିଲ ।
ରାଜଗୃହସ୍ଥ ବ୍ରାହ୍ମଣ
ଆଲାର କାଲାମଙ୍କ ପାଶେ
ଅନେକ ଶାସ୍ତ୍ର ଯେ ତମେ ଅଧ୍ୟୟନ କଲ ।
ଉଦ୍ଧକ ରାମପୁତ୍ର-ସନ୍ନ୍ୟାସୀ ଆଶ୍ରମେ

ଯୋଗ-ସମାଧିର ବହୁଶିକ୍ଷା ଅର୍ଜିଥିଲ ।
ତତ୍ପରେ ସେ ସ୍ଥାନ ଛାଡ଼ି
ଗ୍ରାମ ପରେ ଗ୍ରାମ
ନଗର-ନଗର
ଘଞ୍ଚ-ଅରଣ୍ୟରେ ପଦବ୍ରଜ୍ୟା କଲ
ଦୀର୍ଘ ସପ୍ତବର୍ଷ ବ୍ୟାପୀ
ଅସୀମିତ ପ୍ରଶ୍ନ ଗୁଡ଼ିକର ଉତ୍ତର ସନ୍ଧାନେ
ତପ-ହଠ-ଦେହଦଣ୍ଡ କ୍ରିୟାକୁ ସାଧିଲ ।
ପାଟଣା ଉରୁବିଲ୍ୱର
ସେହି ଘଞ୍ଚ ଉପବନେ
ହେ ମୋର ! ବୁଭୁକ୍ଷୁ ଗୌତମ
ଏକନିଷ୍ଠ ତପସ୍ୟାରେ ମାତି
ଆଚରିଲ ନିର୍ମମତା
ଚର୍ମ-ଅସ୍ଥି ପ୍ରତି ପୁଣି ନିଜ ପିଣ୍ଡ ପ୍ରତି
ଦୀର୍ଘ ଅନାହାରେ
କରିଥିଲ ଶରୀରକୁ ଦହିବା ପ୍ରୟାସ
ଆଶା ପରା ଦୁଃଖର କାରଣ
ତମେ କ'ଣ ଜାଣ ନାହିଁ ?
ଶ୍ୱାସର ସ୍ଥିତି ଯେଉଁଠି
ଜିଜ୍ଞାସା-ବିଶ୍ୱାସର ହେତୁଟି ସେଇଠି ।
ତମେ ଥିଲ ତମ ଜିଦ୍‌ରେ ଅଟଳ
ଉରୁବେଲା ଅରଣ୍ୟର
ରାଜାୟତନ ନାମକ ବୃକ୍ଷ
ତମ ସେଇ ଅନାହାର-ପ୍ରଶାନ୍ତିର ସାକ୍ଷ୍ୟ ଥିଲା !
ତମେ ଅତୀନ୍ଦ୍ରିୟ-ଦୃଢ଼ମନା ଥିଲ
କୁକୁତ୍ଥା ନଦୀରେ ସ୍ନାନ
ପୁଣି ହିରଣ୍ୟବତୀ ନଦୀ ପାର କରି
ଶିଷ୍ୟ ଆନନ୍ଦ ସହିତ

ମଗଧ ରାଜଗୃହରେ ଭିକ୍ଷା ମାଗିଥିଲ
ରାଜଗୃହ-ସମ୍ରାଟ ବିମ୍ବିସାରଙ୍କ
ଅନୁରୋଧକ୍ରମେ
ରାଜଗୃହ ସୀମାନ୍ତର
ବେଣୁ ବଣରେ ରହିଲ
ସିଦ୍ଧାର୍ଥ - ଗୌତମ ଠାରୁ
ମହାତ୍ମା ସଂବୁଦ୍ଧ ଅବା ତଥାଗତ ଯାଏ
ଅଣଚାଶ ଦିନର ସେ
କଠୋର ସମାଧିର ସେ ଆଠ ଦିନ ପରେ
ବୈଶାଖ ପୂର୍ଣ୍ଣମାସୀର ପବିତ୍ର ଲଗ୍ନରେ
ତମ ପୂର୍ଣ୍ଣ ବୋଧିଚିତ୍ତ
ଉଦ୍ଭାସିତ ହେଲା
ଅସମ୍ଭବ-ଅଦ୍ଭୁତ ପ୍ରଜ୍ଞାରେ
ଜଗତକୁ ପ୍ରଜ୍ୱଳିତ କଲା।
ଜଗତକୁ ଦେଲ ତମ ଅମୃତ ଚେତନା
ଅନନ୍ୟ ଜ୍ଞାନାଲୋକର ସମାଧି-ଧାରଣା
ସ୍ଫଟିକ-ପ୍ରଭାମଣ୍ଡଳ ତମ ଅମୃତତ୍ତ୍ୱ
ତମେ ବୁଦ୍ଧ !
ଅହଂଶୂନ୍ୟ-ଅତୀନ୍ଦ୍ରିୟ ଶୁଦ୍ଧ ବୋଧିସତ୍ତ୍ୱ।

ସୁଜାତା ଓ ଖିରି

ହେ ତଥାଗତ !
ତମେ ଭାବ ସମୁଦ୍ରର
ଅନାମୟ ରୂପ
ଅନାବିଳ ମନ ନେଇ
ଯେ ତମକୁ ଶ୍ରଦ୍ଧା ଅଜାଡ଼ିଛି
ଅଚିନ୍ତ୍ୟ-ଅବାଙ୍ ମାନସ ଗୋଚର
ଈପ୍ସିତ-ପାଇଚି ।
ବୋଧିଦ୍ରୁମ ତଳେ
ସମାଧିର ଅଷ୍ଟ-ଦିବସାନ୍ତେ
ତମ ଅନ୍ନମୟ ଶରୀରରେ
ସତେ ଅବା ଜୀବନ ନଥିଲା
ଦୁର୍ବଳ ଶରୀର ତମ
ମୁମୂର୍ଷୁ ଅବସ୍ଥାରେ ଥିଲା ।
ଶିଷ୍ୟଗଣ ତମ କପୋଳରେ
ଜଳ ସିଞ୍ଚି ସାଷ୍ଟାମ କରିଲେ -
ସ୍ନାୟୁର ସ୍ପନ୍ଦନ ବାରି
ଆଶ୍ୱସ୍ତ ହୋଇଲେ ।
ବୋଧିଦ୍ରୁମ ପାର୍ଶ୍ୱେ ଥିବା
କୈବର୍ତ୍ତର ନିଃସନ୍ତାନ ପତ୍ନୀ ସେ ସୁଜାତା
ପୁତ୍ର କାମନାରେ ।

ଅରଣ୍ୟ ଦେବତାଙ୍କର
ସେବା - ପୂଜନରେ
ଥିଲା ନିୟୋଜିତା ।
ପୁତ୍ର ସନ୍ତାନ ଆଶାରେ
ମାନସିକ ଥିଲା ସୁଜାତାର
ସନ୍ତାନ ସମ୍ଭବା ହେଲେ
ବିଶେଷ ପୂଜା କରିବ ଦାରୁର ।
ସେହି ବୋଧିଦ୍ରୁମ ତଳେ
ଉପବିଷ୍ଟ ଥିଲ ଯେ ଗୌତମ
ଦୀର୍ଘବର୍ଷ ପରେ
ସୁଜାତା କୋଳ ପୂରିଲା
ଦେଖି ପୁତ୍ର ସନ୍ତାନର ମୁଖ
ବୈଶାଖ ପୂର୍ଣ୍ଣିମାର ସେହି ପବିତ୍ର ତିଥିରେ
ଗୋରସେ ପ୍ରସ୍ତୁତ କଲା
ସୁସ୍ୱାଦୁ ଯେ ଖିରି
ବୋଧିଦ୍ରୁମ ପାଦ ତଳେ
ଅର୍ପିଲା ବ୍ୟଞ୍ଜନ
ତଥାଗତ - ତୁମେ ଦେଲ ଦିବ୍ୟ ବରଦାନ !
ତମ ଆତ୍ମାରେ କରୁଣାର ଝର
କୀଟରୁ ପତଙ୍ଗ ପୁଣି
ହିଂସ୍ରରୁ ମାନବ ଯାଏ
ସମସ୍ତଙ୍କୁ ତମେ ବୁଝିପାର
ହେ କୃପାଳୁ ବୁଦ୍ଧ !
କୁହ ମୋତେ ଥରେ
ମୋ ସାଦା ପ୍ରେମର
ଶେଷ ପରିଣତି କ'ଣ
ଅପେକ୍ଷାର ଲୋତକାଞ୍ଜଳିରେ ?
ତମେ ତ ଦେବତା
ଦେବତା କି କେବେ ପ୍ରେମ କରିପାରେ ?
ବିଶ୍ୱ ଚେତନାର ପୂତ-ପ୍ରୀତି ହୋଇପାରେ ।

ପାତାଳପୁରୀ ରାକ୍ଷସ ଓ ବୁଦ୍ଧତ୍ୱ ପ୍ରାପ୍ତି

ଜୀବନର ଉପଲବ୍ଧି
କେବେ ସହଜେ ମିଳେନି
ତା' ପାଇଁ ନିହାତି ଲୋଡ଼ା ଅଖଣ୍ଡ ସାଧନା
ତିରସ୍କାର-ଅପମାନ ସାଥେ
ଭୋଗିବାକୁ ଥାଏ ମାନବକୁ
ସମୟ ଓ ସମ୍ପର୍କର ନିର୍ଘାତ ଯାତନା !
ତମେ ବି ଦେହଧାରୀ ହୋଇ
କେମିତି ଏଥିରୁ ଅବା ତ୍ରାହି ପାଇଥା'ନ୍ତ ?
ଋଷିପତ୍ତନର ସେଇ
ସୁଶ୍ୟାମଳ ମୃଗବନେ
ଅହୋରାତ୍ର ଥିଲ ତମେ
ଗଭୀର ଧ୍ୟାନରେ
ନିରଞ୍ଜନା ନଦୀ ତଟେ
ଅଶ୍ୱତଥ୍ ବୃକ୍ଷ ମୂଳେ
ବୁଦ୍ଧତ୍ୱ ପ୍ରାପ୍ତିର ସଂକଳ୍ପକୁ ନେଇ
ତମେ ଦୃଢ଼ ଥିଲ
'ବୁଦ୍ଧତ୍ୱ' ପ୍ରାପ୍ତି ପୂର୍ବରୁ
ପାତାଳପୁରୀର ସେଇ-ରାକ୍ଷସଟା ଆସି
ଭୟଭୀତ କଲା ।
ସାଧନାରୁ ପଥଚ୍ୟୁତ କରିବା ନିମନ୍ତେ

ବାରମ୍ବାର ପ୍ରଲୋଭିତ କଲା ।
କାମନା-ଆମୋଦ-ତୃଷ୍ଣା
ଥିଲେ ତା'ର ପ୍ରିୟ ତିନି କନ୍ୟା
ବିକଟାଳ ନୃତ୍ୟ କଲାପରେ
ଭୂମିକମ୍ପ-ଝଡ଼ ଓ ବାତ୍ୟାର
ତୀବ୍ର ବିପର୍ଯ୍ୟୟ ହେଲା
ତା' କରାୟତ୍ତେ
ପିତା ଶୁଦ୍ଧୋଦନ ଆଉ ମୁଁ ଅଛୁ ବୋଲି
ମହାମିଥ୍ୟା କଥା ବି ସେ ପ୍ରଚାର କରିଲା ।
ମାତ୍ର ହେ ଶାକ୍ୟମୁନି !
ତମେ ଥିଲ ଶାନ୍ତ-ସମାହିତ
ଅଣଚାଷ ଦିନ ଧ୍ୟାନ ପରେ
ପଞ୍ଚତିରିଶ ବର୍ଷ ଆୟୁଷ୍କାଳେ
ବୁଦ୍ଧତ୍ୱପ୍ରାପ୍ତ କରି
ସାରନାଥଠାରେ କଲ
ବୌଦ୍ଧଧର୍ମ ଚକ୍ରର ସ୍ଥାପନ ।
ଏ ଜୀବନ ସ୍ଥାୟୀ ନୁହେଁ
ପ୍ରେମ-ସେବା-କରୁଣା ହିଁ
ଜୀବନକୁ କରେ ମହୀୟାନ !
ଜୀବନକୁ ନେଇ ତମ ସତ୍ୟୋପଲବ୍ଧିର
ସୀମାଙ୍କନ ପରେ
କ'ଣ ଅବା ପ୍ରଶ୍ନ ବାକୀ ଥାଏ ?
ତମେ ଦେଲ ସୂତ୍ର ଜୀବନର
ସ୍ମୃତି-ସତ୍ୟ-ବୀର୍ଯ୍ୟ
ପ୍ରୀତି-ଶାନ୍ତି-ସମାଧି-ଉପେକ୍ଷା ଭଳି
ଜ୍ଞାନ ସପ୍ତାଙ୍ଗର ।
ପୁଣି ଦେଲ ଆର୍ଯ୍ୟ
ଅଷ୍ଟାଙ୍ଗିକ ମାର୍ଗ ଅନୁସୃତ
ଜୀବନର ଶ୍ରେଷ୍ଠ ଚତୁର୍ସତ୍ୟ ।

ଅଶ୍ରୁତପୂର୍ବ ଦୃଷ୍ଟିର
ଶୁଦ୍ଧଜ୍ଞାନ ସଂଜ୍ଞା
ଦେଲ ତ୍ରିଶରଣ ପୁଣି
ଭିକ୍ଷୁ ସଂଘ ସ୍ଥାପନର ଶିକ୍ଷା ।
ଥିଲ ତୁମେ କର୍ମ-ବାକ୍ୟ-ଚିନ୍ତନରେ ସ୍ଥିର
ହେ ମହାସଂବୁଦ୍ଧ !
ତମ ଅର୍ଦ୍ଧ ନିମୀଳିତ ଚକ୍ଷୁ
ଗାମ୍ଭୀର୍ଯ୍ୟ ମୁଦ୍ରାରେ ଥିବା
ଚମକିତ ମୁଖ ସତେ
ପୂର୍ଣ୍ଣମୀର ଇନ୍ଦୁ !
ସମସ୍ତ କଲ୍ମଷ ପରେ ତମେ ଏ ଜଗତ ପାଇଁ
ଜୀବନ ଉପଲବ୍ଧିର ଦିବ୍ୟ ସାନ୍ଦ୍ର ବିନ୍ଦୁ !
ଆଉ ମୋ ପାଇଁ ?
ତମେ ମୋର ଅଧା ଦେଖା ସ୍ୱପ୍ନ
ମୋ ଭଙ୍ଗାରୁଜା ପ୍ରେମ !
ଜନ୍ମଜନ୍ମାନ୍ତରର ମୋ ଈପ୍‌ସିତ ପୁରୁଷ
ତମେ ମୋର ଜୀବନ ନିର୍ଯ୍ୟାସ
ତମେ ମୋର ଅନାହତ ତପ
ପୁଣି ଅଶ୍ଳୀଳ ପ୍ରଳାପ
ତମେ ମୋର ଅଧାପଢ଼ା
ଅଶ୍ରୁତ ପ୍ରାର୍ଥନା ପୁଣି
ତନ୍ଦ୍ରାୟିତ ନିଦ୍ରାର ବାହାନା
ଏ ସାଧ୍ୱୀ ଗୋପାର ହୃଦୟ ।

ବୁଦ୍ଧଙ୍କ ଉପଦେଶ

ଜଗତରେ ଚିରକାଳ
ଶବ୍ଦ ବଞ୍ଚିରହେ
ପଥଭ୍ରଷ୍ଟ ମାନବକୁ
ନିର୍ଦ୍ଦେଶିତ ମାର୍ଗ-ଲକ୍ଷ୍ୟ ଦିଏ।
ତା' ଉପରେ
ଚାଲିବା - ନଚାଲିବାର
ଊର୍ଦ୍ଧ୍ୱକୁ ଯିବାପରେ
ଅମୂର୍ତ୍ତ ଶବ୍ଦ ଖାଲି
ସମୟ ବାଲୁକାପରେ
ସାରାଂଶ ପାଲଟେ।
ତମେ 'ବୋଧି' ଲଭି 'ବୁଦ୍ଧ' ହେଲ
ବିଳାସ ଓ ବିକାରର ଦୁଇଟି ବିନ୍ଦୁରେ
ଜୀବନର ସୀମାକୁ ଆଙ୍କିଲ।
ପ୍ରେମ ଓ କ୍ଷମା ଦ୍ୱାରା
ଘୃଣା ଜୟ କରିବାର ମନ୍ତ୍ର ଉଚ୍ଚାରିଲ।
ତମେ କହିଥିଲ - ମାନବର ଜନ୍ମ ସାଥେ
ଜରାଗ୍ରସ୍ତ ବୃଦ୍ଧତ୍ୱ ଓ ନିଧନ ବି ସତ୍ୟ!
'ସ୍ତ୍ରୀ' ଅଟେ ଚତୁର୍ବିଧ ରୂପସ୍ନିଗ୍ଧ ମାୟା
ପ୍ରଥମା-ଶରୀର
ଦ୍ୱିତୀୟା-ବିଷୟ

ତୃତୀୟା-ବାନ୍ଧବ
ଚତୁର୍ଥୀ-ସ୍ୱକର୍ମ-ରୂପେ
ବିସ୍ତାରନ୍ତି ଭ୍ରମାତ୍ମକ କାୟା !
ତେଣୁ, ସର୍ବୋର୍ଦ୍ଧ୍ୱରେ
ଦୁଃଖର ନିରୋଧ ପାଇଁ
ମୁଖ୍ୟ ଥିଲା
ସତ୍ୟର ପ୍ରତିଷ୍ଠା
ସଦ୍‌ଭାବନା-ସଦ୍‌କଥନ
ସଦ୍‌କାର୍ଯ୍ୟ ଓ ସଦ୍‌ପୂର୍ଣ୍ଣ ଜୀବିକା
ସଦ୍‌ଉଦ୍ୟମ-ସତ୍‌ଚେତନା ଶେଷେ
ଶ୍ରେଷ୍ଠ ପୁଣି ଶେଷ ସତ୍‌ସମାଧି
ଯେଉଁଠାରେ ଲୀନ ହୁଏ
ଜନ୍ମ-କର୍ମ ମୃତ୍ୟୁର ନିୟତି !
ବୋଧିପ୍ରାପ୍ତି ପରେ ସାରନାଥଠାରେ
ପଞ୍ଚଭିକ୍ଷୁ ଶରଣ ପଶିଲେ,
ଯେଉଁମାନେ ଏକଦା ତମକୁ
ସାଧାରଣ ମନେକରି
ତ୍ୟାଗ କରିଥିଲେ ।
ଉତ୍କଳର ଅନୁଗାମୀ ତପସୁ-ଭଲ୍ଲିକ
ପିଠା-ମହୁ ଦେଇ ତମ ଉପାସ ଭାଙ୍ଗିଲେ
ଏମିତିକି ସୁଭଦ୍ର ପ୍ରବ୍ରଜ୍ୟା ମଧ୍ୟ
ତମ ଶିଷ୍ୟ ହେଲେ
ବୌଦ୍ଧଧର୍ମ ପ୍ରଚାରରେ
ତମ ପରିବ୍ରାଜନର ଅନୁଗାମୀ ହେଲେ ।
ଅନୁଗାମୀ ସେଇ ହୋଇପାରେ
ଯା' ଭିତରେ ଅହଂକାର
କ୍ଷଣକ୍ଷଣ ମରେ ।
ଅନ୍ତରର ଅନୁରାଗ ନେଇ
ମୁଁ ଥିଲି ତମ

ସ୍ନେହ-ପ୍ରେମ-ଶ୍ରଦ୍ଧା ଆକାଂକ୍ଷିତା
ପରିବର୍ତ୍ତେ ଅନୁଗାମୀ-ଭିକ୍ଷୁଣୀର
ଭୂମିକାରେ ଅବତୀର୍ଣ୍ଣ
ତମ ଗୋପା, ତମରି ନାୟିକା !

ପଞ୍ଚ ଭିକ୍ଷୁ: କୌଣ୍ଡିନ୍ୟ, ବପ୍ପ, ଉଦ୍ଦୀୟ, ମହାନାମ, ଅଶ୍ୱଜିତ

ଆମ୍ରପଲ୍ଲୀ ଓ ବୁଦ୍ଧ

'ପ୍ରେମ' କେବେ ଜୀବନକୁ ଦିଗ୍-ଭ୍ରାନ୍ତ କରେନି
ସତପ୍ରେମ ଜୀବନ୍ୟାସ ଦିଏ
ଊର୍ଦ୍ଧ୍ୱାୟିତ କରେ।
ଶରୀରର ସତ୍ତା ଜଳିଗଲେ
ପାଉଁଶ ମୁଠା ଭିତରୁ
ପ୍ରେମ ଗୋଟେ ଗନ୍ଧ ହୋଇ
କେତେ କାହା ଓଷ୍ଟୁ ଝରୁଥାଏ।
ତମ-ମୋ ଜନ୍ମ
ଏକ ଗପର ମଞ୍ଜୁଷା
କିଏ କହେ ଇତିହାସ
କାହା ପାଇଁ ସାଜେ
କିମ୍ବଦନ୍ତୀ ପରିଭାଷା।
ସିଦ୍ଧିପ୍ରାପ୍ତି ପାଇଁ ତମେ ହୋଇଥିଲ ଜନ୍ମ
ତେଣୁ ତମେ 'ତଥାଗତ'
'ଯଥାଚାରୀ' - ବୁଦ୍ଧ !
ସମଗ୍ର ଏ ଭାରତବର୍ଷର
ଅଷ୍ଟାଦଶ ମହାଜନପଦେ
ଜାତିବାଦ-ଶୂଦ୍ର ବିଷମତା
ଦୃଢ଼ ଭାବେ ବିରୋଧ କରିଛ
'ଅହିଂସା ପରମଧର୍ମ'

ସଂଘ – ଶାନ୍ତି ନିର୍ବାଣର ମାର୍ଗ ଦର୍ଶାଇଛ।
ସତ୍ୟକୁ ନେଇ ଯେତେକ
ତୁମ ଉପଲବ୍ଧି ଭିତରେ ବି
ମୁଁ ଆନନ୍ଦିତା ଥିଲି
ମାତ୍ର – ବୈଶାଳୀର ଅମ୍ବା ପ୍ରସଙ୍ଗକୁ ଶୁଣି
ସାଧାରଣ ନାରୀ ଭଳି ଶୋକାତୁରା ହେଲି।
ବୈଶାଳୀ ବୃଜ୍ଜିସଂଘର
ଲିଚ୍ଛବି ଜାତିର ସେହି ରାଜନୃତ୍ୟାଙ୍ଗନା
ରୂପସୀ – ନଗରବଧୂ
ଆମ୍ରପଲ୍ଲୀ – ଅମ୍ବା
ଲଭିଥିଲା ଅସାମାନ୍ୟ ସୁନ୍ଦରୀ ମାନ୍ୟତା
ତା' ରୂପତୃଷ୍ଣାରେ ମୁଗ୍ଧ,
ମଗଧର ରାଜା ବିମ୍ବିସାର
ତା'ରି ପ୍ରାପ୍ତି ପାଇଁ
କରିଥିଲେ ରାଜ୍ୟ ଆକ୍ରମଣ !
ଆମ୍ରପଲ୍ଲୀ ପ୍ରତି
ମୋର ତୀବ୍ର ଈର୍ଷାସ୍ତୂପ
କ୍ରମେ ମୋ ମନ ଆତ୍ମାକୁ
ବୋଝ ଭଳି ଭାରାକ୍ରାନ୍ତ କଲା।
ମନର ଏ ସ୍ଥିର କୁମ୍ଭେ
ସାମାନ୍ୟ ଗିନାଟେ ପରି
ଭଉଁରୀର ରୂପ ଆଙ୍କିଥିଲା।
ବହୁପରେ ହିଁ ବୁଝିଲି,
ତମକୁ ଦର୍ଶନ କରି
ଅମ୍ବା ତା'ର ପାପ-ତାପ
ତା' ମନର ଦୃପ୍ତ ଦେହଳିରୁ
ମୁକ୍ତି ଲୋଡୁଥିଲା।
ହେ ତଥାଗତ !
ଅମ୍ବା ତମ ସନ୍ଦର୍ଶନେ

ତୃପ୍ତ-ଶାନ୍ତ ହେଲା
ସ୍ତରୀଭୂତ ପାପ-ତାପ
ପୁଲକିତ ଅଶ୍ରୁ ବିସର୍ଜନେ
ତର୍ପଣ କରିଲା ।
ମୁଁ ଈର୍ଷାତୁରା ଥିଲି !
ଯଦିଓ ଈର୍ଷା ବି ମହାନ୍ କରେ
ମାନ-ଗୁମାନକୁ
ଦ୍ୟୁତି ଦିଏ ବ୍ୟକ୍ତି ଚେତନାକୁ
ଭିଜାଏ ଚକ୍ଷୁଙ୍କୁ ।
ଝରା ଲୋତକର ଉଷ୍ମ ବିନ୍ଦୁ ଦେଇ
କଠୋର ହୁଏ ଯେ ଆବେଗ
ଜଣକୁ କେବେ ନଦେଖିବା
ଜଣକୁ କେବେ ନ ଖୋଜିବାର
ଦୃଢ଼-ଫାଶ ହୁଗୁଳି ଯା'ନ୍ତି
ବିଶ୍ୱାସ କର !
ଅନେକ ଥର ଇଚ୍ଛା ହୋଇଛି
ଅବିକଳ ମୁଁ ଆମ୍ରପଲ୍ଲୀ ସାଜନ୍ତି କି !
ତା'ର ସେଇ ଶରୀରାବୃତ୍ତ ଥିବା
ରେଶମୀ ବସ୍ତ୍ରର
ସାମାନ୍ୟ ସୂତାଖିଏ ହୋଇ
ତା' ଦେହ ମଣ୍ଡନ କରି
ଟିକେ ତମକୁ ଦେଖନ୍ତି କି !
ଅପଲକ ହୋଇ
ତମକୁ ହିଁ ଖାଲି ତମକୁ ହିଁ
ଦେଖି ଚାଲନ୍ତି କି !
ବରଫ ପାଲଟିଥିବା
ଯେତେ ଅଶ୍ରୁ ମୋର
ତମ ସମ୍ମୁଖରେ

ଅବାଧରେ ଝରି ଚାଲିଥାନ୍ତା
ତନ୍ନଧରୁ ବିନ୍ଦୁଟିଏ ଅଶ୍ରୁ
ଅନ୍ତତଃ ସ୍ଥିର ତମ ମନକୁ ଛୁଅଁନ୍ତା !
ମୁଁ ସେମିତି
ପ୍ରଗାଢ଼ ଶ୍ରଦ୍ଧା ଓ ପ୍ରେମରେ
ଚେତନାଦୀପ୍ତ ସେ ବୁଦ୍ଧଙ୍କ
ଅର୍ଦ୍ଧ ନିମୀଳିତ ମୁଦ୍ରାକୁ ଦେଖନ୍ତି
ଯା' ଭିତରେ ସବୁ ଇଚ୍ଛା ପ୍ରଶମିତ
କିନ୍ତୁ; ଯା' ଭିତରେ ଦୃଷ୍ଟି ଅସୀମିତ
ଯେ ନିଜେ ଗୋଟେ ତତ୍ତ୍ୱ
ଯେ ମାଟିରୁ ଭୂମା ଯାଏ ବ୍ୟାପ୍ତ ।
ଯେ ଜନ୍ମ ଉତ୍ତୁରାନ୍ତି
ଯେ ସତ୍ୟ ମନ୍ତୁରାନ୍ତି
ତପ-କର୍ମ-ସଂଘବଦ୍ଧ ଲକ୍ଷ୍ୟନେଇ
ପ୍ରତିକ୍ଷଣ ସମସ୍ତଙ୍କ ଆତ୍ମାକୁ ଚେତାନ୍ତି ।
ସୁନ୍ଦରୀ ଆମ୍ରପଲ୍ଲୀ
ରାଜ-ନୃତ୍ୟାଙ୍ଗନା ମାତ୍ର ନଥିଲା
କି ସାଧାରଣ ନାରୀ ବି ନଥିଲା ।
ନଚେତ୍ କାହିଁକି-କିପରି
ତମକୁ ସେ ଏତେ ଆକର୍ଷିଲା !
ଯା' ପଛରେ କଥା କ'ଣ ଅବା ଥିଲା ?
ତା'ର ପୂର୍ଣ୍ଣ ଶ୍ରଦ୍ଧା ଓ ସମ୍ମାନ
ନା ତା'ର ସାତ୍ତ୍ୱିକ ଆହ୍ୱାନ ?
ତମ ପାଖେ ଉତ୍ତର ଅଛି ଜାଣେ,
ମୁଁ ତମ କଥାକୁ ଗୋଟାପଣେ
ସତସତ ମଣେ !
ସାତ୍ତ୍ୱିକ ଆକର୍ଷଣକୁ ସଂସାର ବୁଝେନି
ଦେହର ସଂକୀର୍ଣ୍ଣ ମୁଦ୍ରା

ଅଦେହୀକୁ ବାନ୍ଧି ହିଁ ପାରେନି
ଯଦିଓ ତମ ପାଇଁ
ଦେହର ଅର୍ଥ ନାହିଁ କିଛି
କାରଣ 'ଦେହ' କହିଲେ ତମେ ବୁଝ -
ଚମ-ହାଡ଼-ମାଂସ-ମଜ୍ଜାଭେଦି
ପୂଜ-ରକ୍ତ ସ୍ଥିତିଟେ ଯେଉଁଠି।
ଦେହାସକ୍ତି କଷ୍ଟ ଦିଏ ବେଶି
ନିର୍ବାଣ ହିଁ ଶେଷ ଉପଲବ୍ଧି
କିନ୍ତୁ ତମ ପାଇଁ ଅସୀମ ମୋ
ଶ୍ରଦ୍ଧା ଓ ଆଗ୍ରହକୁ ନେଇ
ଏତେ ଦୁଃଖ ସତେ କ'ଣ
ଥିଲା ମୋ ଭାଗ୍ୟରେ ?
ବିବାହ ଭୋଗାଭୋଗରେ ସୁଦୀର୍ଘ ବିରହ !
ଆମ୍ରପଲ୍ଲୀର ସତ୍କାର
ଆଉ ତା' ସାଥେ ତୁମର
ସେଇ ଅପୂର୍ବ ସାକ୍ଷାତ
ହେ ତଥାଗତ !
ବୁଝିପାରିଥିଲା ଅମ୍ବା
ଥିଲ ତମେ ତା' ପାଇଁ ନିତ୍ୟ-ପରମାର୍ଥ !
ଜଣକୁ ପାଇବାର ଇଚ୍ଛା ହାୟ
କ'ଣ ନ କରାଏ ?
ମୋ ଭଳି ନାରୀକୁ
ସନ୍ନ୍ୟାସିନୀ-ଅରାହତ୍-ଭିକ୍ଷୁଣୀ ସଜାଏ !
ଯେ ଅହରହ ନିବିଷ୍ଟ ଥିଲା ତମ ମନନ-ଧ୍ୟାନରେ
ତା'ର କ'ଣ ଲୋଡ଼ା ପୂଜା-ଦର୍ଶନରେ ?
ମନନ ହିଁ ଆରାଧନା
ସ୍ମରଣ-ସାଧନା
ପଶୁତ୍ୱରେ ଥାଏ ଯାତନା

ନିବୃତ୍ତି ଦିଏ ଚେତନା ।
ତମେ ଏ ଗୋପାର ଜଡ଼ପିଣ୍ଡରେ
ସଂଚରି ଯାଇ
ବିନ୍ଦୁଏ ରଶ୍ମି ପାଲଟିଥିବା
ଈଶ୍ୱରକଣିକା !
ଦୁନିଆର ନିବୁଜ ଗମ୍ଭୀରିରୁ
ଛିଟିକି ପଡ଼ିଥିବା ଉଲକାର ଉତ୍ତାପ
ତମେ ମୋ ପାଇଁ 'ତମେ' ସାଜିଥିବା
ଅଭିନବ ଆକାଂକ୍ଷାର ସାକ୍ଷ୍ୟ
ପକ୍ଷହୀନ ବିହଙ୍ଗର
ଚିତ୍ରମୟ ପକ୍ଷ ।
ତମେ ଶବ୍ଦହୀନ ଶବ୍ଦଟିଏ
ଜ୍ୟୋତ୍ସ୍ନା ବିଧୌତ
ନୀରବ ପ୍ରାଙ୍ଗଣ
ଏକାକୀ ମୋ ଜୀବନରେ
ବିଶ୍ୱାସ ଲେଉଟାଣିର
ମୁକ୍ତ ବାତାୟନ !
ଗୋପନ ମନ ତଳେ କିନ୍ତୁ
ତମ ପାଇଁ ଥାଏ ମୋର
ଅନୁରାଗ ଭରା ଶତଶତ ଅଭିମାନ ।
ଜୀବନର ଚଲାପଥେ
ଯେବେ ବି ହୋଇଛି କେବେ
ମୁଁ ଯେ ଆକ୍ତାମାକ୍ତା
ତମ ରୂପ ଭାବିଦେଲେ
ଦିଶେ ସବୁ ଫର୍ଚ୍ଚା
ନଥାଇ ବି ପାଶେ ତୁମେ
ଅନୁଭବେ ପାଶେ
ତମକୁ ମୁଁ ମନେ ମନେ ଝୁରି ଝୁରି

କରେ କେତେ ପ୍ରେମ ଆଉ ବିରହର ଚର୍ଚ୍ଚା।
ତମେ ମୋ ଶଦ୍ଧ ଭଗବାନ
ପୌରୁଷର ନିଛକ ସ୍ୱରୂପ
କରୁଣା-ପ୍ରେମର ତୁମେ
ନୀଳ ପାରାବାର
ଦୟା-ଶୀଳ-ମୁମୁକ୍ଷାର
ଶ୍ରେଷ୍ଠ ସଂଜ୍ଞାକାର !
ହେ ବୁଦ୍ଧ !
ମୋ ପରି ଗୋପାମାନେ
ତମ ପାଇଁ ମହଣେ ଅନ୍ଧାର
ତମେ କିନ୍ତୁ କୋଟି କୋଟି ବୈଦୂର୍ଯ୍ୟର ବିଭା !
କରୁଣା-ଅନାସକ୍ତିର ଅସରନ୍ତି ଝର
ପୁଣି, ବ୍ୟଥାମୁକ୍ତି ଦ୍ୱାର
ତମେ ପୁଣି ଦେହଳୀରେ ଅଦେହର ତୃପ୍ତି
ଅତୀତ ଓ ବର୍ତ୍ତମାନ ମଧ୍ୟେ
ଯୁଗାବ୍ଦୀର ଶାଶ୍ୱତ ସମ୍ପତ୍ତି।

ତଥାଗତଙ୍କ କପିଳବାସ୍ତୁ ଆଗମନ

କିଛି ପଥରତଳ ରଗଡ଼ା ବାଲିରେ
ଉଷୁମ ଥିବା ଏକଲାପଣକୁ
ଜାକିଜୁକି
ତମ ଅପେକ୍ଷାରେ
ଆଦରି ନେଇଥିଲି
ସମୟର ନିଃଶବ୍ଦ ଆଘାତ
ତମଛଡ଼ା କିଏ ବା ବୁଝିବ
ସେ ନିବୁଜ ଅସହାୟତାର
ବିକଳ ବେଦନା।
ପଥର ଭଳି ତମେ ବି
କେମିତି ଏତେ ସ୍ଥିର ଥାଅ
ଢୋକିନିଅ ଦଣ୍ଡମୁହୂର୍ତ୍ତପ୍ରହାର।
କେତେ ଲୁଚାଅ କ୍ଷତ
କେତେ ସହିତ ଦରଜ
ତମ ଫେରନ୍ତା କ୍ଷଣକୁ
କିଏ ଅବା ଚାହିଁଛି ମୋ ଛଡ଼ା ?
ଆକାଶ-ମାଟି ନା ସମୟ ?
କାହିଁ ଏତେ ଗୁମ୍‌ସୁମ୍ ଥାଅ
କାହିଁ ହୁଅନା 'ମୁଁ' ମୟ !

ପ୍ରତୀକ୍ଷାର ଶେଷ ମୁହୂର୍ତ୍ତରେ କିନ୍ତୁ
ମୁଁ ଥିଲି ସମ୍ପୂର୍ଣ୍ଣ 'ତୁମେ' ମୟ।

ହେ ତଥାଗତ !
ବୈରାଗୀ-ଶ୍ରମଣ ହୋଇ
ବିଚ୍ଛେଦର କ୍ଷତ ଭରିବାକୁ
ଆସିଥିଲ କପିଳବସ୍ତୁର ରାଜପ୍ରାସାଦକୁ
ରାହୁଳକୁ ଅଚଳାଚଳ ବିତ୍ତ ଦେଇ
ବିୟୋଗରୁ ମୁକ୍ତି ପୁଣି
ବୈରାଗ୍ୟ ଆଚରିବା ପାଇଁ
ସୂତ୍ର ମଧ୍ୟ ଦେଲ।
ତମେ ଜାଣ ?
ଅଭୁକ୍ତ ଏ ଯଶୋଧାରା
ତମରି ହିଁ ଅଖଣ୍ଡ ଅପେକ୍ଷାର
ଦିହୁଡ଼ିଟେ ଜାଳି
ଫେରିବାର ବାଟ ଚାହିଁଥିଲା !
ତମେ ଆସିଥିଲ ବି ସେଦିନ
ମୋ ଅପେକ୍ଷା
ମୋ ଆତ୍ମାର ଆଗ୍ରହକୁ ସମ୍ମାନ ଜଣାଇ !
ପ୍ରଶଂସାରେ ଭରିବାକୁ ଚାହିଁଥିଲ
ସମୟକୁ ଦେଇଥିବା ନୀଳିମ କ୍ଷତଙ୍କୁ।
କିଛିକ୍ଷଣ ଉପସ୍ଥିତ ରହି
ପରିପୂର୍ଣ୍ଣ କରିବାକୁ ଚାହିଁଥିଲ
ମୋର ସବୁ ଗତାୟୁ କ୍ଷଣଙ୍କୁ !
ଏମିତି କି ହୁଏ ?
ତମେ ସିନା ଶାନ୍ତ-ସମାହିତ ବୋଲି
ଥିଲ ସବୁ ମାନବୀୟ ଆବେଗ ଊର୍ଦ୍ଧ୍ୱରେ
ମୁଁ କିନ୍ତୁ ସାଧାରଣ ନାରୀ

ତମ ସ୍ତ୍ରୀ ରୂପେ ତମ ସାଥେ
ସମ୍ପର୍କିତ ହୋଇ
ମହାନ୍ ସାମ୍ରାଜ୍ଞୀ ସାଜିଲି।
ତମ ବିନା ମୁଁ କ'ଣ ବି ଥିଲି ?
ଏ ଯାଏ ବି ଜଳଜଳ ମନେ ଅଛି
ମୋ'ଠୁ ଦ୍ୱିତୀୟ ଥର ପାଇଁ
ତମେ ବିଦାୟ ନେଲ ଯେବେ
କରୁଣା ଓ ଦୟାରେ ଉଜ୍ଜ୍ୱଳି ଥିବା
ମୋ ପ୍ରିୟ ଗୌତମ କେମିତି ବୁଦ୍ଧ ପାଲଟିଲେ !
ମୁହୂର୍ତ୍ତକେ ନିର୍ବିକାର ସାଜି
ପୁନର୍ବାର ପରିତ୍ୟାଗୀ ହେଲେ।
କି ଅଦ୍ଭୁତ ଥିଲା ସେହି ମୁଦ୍ରା !
ମୁଁ ନିରୀହା ଭିକ୍ଷୁଣୀ
ଦିଶୁଥିଲି-ବୁଦ୍ଧମୟ ଗୋପା
ସଧବାର ସାମର୍ଥ୍ୟ ଭିତରେ
ସେମିତି ସେ ଶ୍ରମଣ ବେଷ୍ଟନୀକୁ ଚାହିଁ
ଶେଷଥର ପାଇଁ
ବିଦାୟ ଦେଉଥିଲି ମୋ ଗୌତମଙ୍କୁ।
ଏ ଚକ୍ଷୁରୁ ପ୍ରାକ୍ତନ ଆବେଗର
ମୋହମୟ ଧାରା ଛୁଟିଥିଲା
ମୋ ଆଖି ଆଗେ
ଉପାନ୍ତରେ ତମ ଦେହ
ଅଦେହୀ ସାଜିଲା !
ବିଷୟପୂର୍ଣ୍ଣ ଏ ଜଗତୁ
ଅନ୍ତତଃ ତମେ ଥାଉ ଥାଉ
ଦେହ ତ୍ୟାଗ କରେ ବୋଲି
କୋହପୂର୍ଣ୍ଣ ହୃଦୟରେ
ଆତ୍ମାକୁ ମୁଁ ଆହ୍ୱାନ କରିଲି।

ତମେ ତ ଭଗବାନ
ଅନ୍ତରାତ୍ମାର ଏ ବୈକଲ୍ୟ ..
ବେଦନାର ଏ କୋହ ..
କ'ଣ ଛୁଏଁନି ତମକୁ ?
ଯେ ସଂସାରକୁ ବୁଝେ
ସେ କାହିଁ ବୁଝିଲାନି ମୋତେ ?

ଆଉ କିଛି ପ୍ରଶ୍ନ

ଭିକ୍ଷୁଣୀର ଜୀବନ ସହଜ ନୁହେଁ
ସବୁଥାଇ ଯେ ସାମାନ୍ୟ ନିଜ ସୁଖ ପାଇଁ
ଆଗ୍ରହୀ ହୁଏନି
ଯେ ମାନ-ଅପମାନ ଆଉ ସମ୍ମାନ ଊର୍ଦ୍ଧ୍ୱରେ
ଅହଂକାର ଶ୍ରାଦ୍ଧ କରୁଥାଏ
ସେ ହିଁ ତ ସବୁଥାଇ ଭିକ୍ଷୁଣୀ ପାଲଟେ।
ହେ ବୁଦ୍ଧ ! ତମେ ଜୀବନର ସୂତ୍ର ଦେଲ
ଉପଲବ୍ଧି-ସିଦ୍ଧାନ୍ତ ମଧ୍ୟରେ
କେତେ ଯେ ଦୀର୍ଘତା !
ଆଶା ଆଉ ଆସକ୍ତି ନଥିଲେ
ଜୀବନର ପଥ କ'ଣ
ଅତିକ୍ରମି ହୁଏ ?
ଜାଗତିକ ପ୍ରତୀତି ଭିତରେ
ଗାଣିତିକ ସମାଧାନ ପରି
ଅନୁଭବର ଧାରାକୁ କ'ଣ
ଏମିତି ହିସାବ କରି ହୁଏ ?
ମାନିନିଅ ମୁଁ ହଁ ଭରିଲି
ତା' ପରେ କ'ଣ ଅଛି ଯେ ?
ତା'ପରେ କି ପ୍ରକାର ଆଶା-ସ୍ୱପ୍ନ ଅଛି ?
ବେଳେବେଳେ ଅନୁଭବ କରେ

ଜୀବନର ପରିପନ୍ଥୀ
ସବୁ ତମ ତତ୍ତ୍ୱ - ଆକଳନ
ହିସାବ-ନିକାଶରେ କି
ଚାଲେ କା ଜୀବନ ?
ଗାମ୍ଭୀର୍ଯ୍ୟର ମୁଖାତଳେ
ସାଇତିଚ କେତେ ଅନ୍ୟ ଦୁଃଖ ଓ ଯନ୍ତ୍ରଣା-
ଅନୀତିରୁ ଦୂରେ ଥାଇ
ବୁଝାଇଛ କ'ଣ ଅଟେ
'ଶାନ୍ତି ଓ କରୁଣା' ।
କେମିତି କଠୋର ହେଲ କୁହ ମୋ ପାଇଁ
ସଂସାର ପାଇଁ ଯା' ହୃଦ ଅତି ଯେ ବିଦୀର୍ଣ୍ଣ
ହୃଦ୍-ବୋଧ କାହିଁ କଲନି
ଦୁଃଖିନୀ ଏ ଭିକ୍ଷୁଣୀର ଅଶ୍ରୁର କାରଣ !
ତମେ ଚାହିଁଲ ମୁଁ ନଭାବେ ତମ କଥା
ହେଲେ ମୁଁ ଭାବିଚି ତମକୁ
ଏମିତି ଅନେକ ଭାବିଥିବେ ।
ତମେ ବୁଝାଇଲ ଆଶା-ଦୁଃଖ ଦିଏ
ତଥାପି ମୁଁ ତୁମ ଆଶାରେ ବଞ୍ଚିଛି
ଅନେକ ବଞ୍ଚିଥିବେ ।
ମୁଁ ନିଶ୍ଚେ ଏତିକି କହିବି,
ଏମିତି ଅନିର୍ଣ୍ଣିତ ଅନେକ ତତ୍ତ୍ୱକୁ
ପ୍ରଥମ କରି ଅନିଷା କରିବାକୁ ହୁଏ
ମାୟାର ପ୍ରଭାବରେ ପ୍ରେମିକାଟେ
ପ୍ରେମମଗ୍ନା-ଆତ୍ମହରା ହୁଏ ।
ବିରହକୁ ହେଜିଥିବା ଆତ୍ମା ହିଁ ତ
ଆହ୍ଲାଦକୁ ବୁଝିପାରେ -
ନିରାଶାରେ ବି ପଲପଲ ସ୍ୱପ୍ନ ବୁଣିପାରେ
ଆଖି ଆଗ ସଂସାରର
ନିର୍ମମ ସତ୍ୟକୁ ଭୋଗିଲେ

ବିଦେହର ନିର୍ବାଣକୁ ଆମନ୍ତ୍ରଣ କରିପାରେ !
ଅନୁକମ୍ପା - କରୁଣାର ଝର
ଦେହ-ଅଦେହ-ବିଦେହ ଦେଇ
ସଂଗତି-ସଦ୍-ମୁକ୍ତିର ନିଛକ ସେ ପଥପରେ
କେତେ କିଏ ଚାଲେ ?
କୁହତ ତମକୁ ଜଗତ ସତେ କେତେ ବୁଝିପାରେ ?
ତାହା ଏ ସଭ୍ୟତା ସ୍ରୋତେ
ତମେ ବୁଝିଥିବ ନିଶ୍ଚୟ ।
ମୁଁ ବି ତ ବୁଝିଛି ତମକୁ
ହେଜିଛି ତମ ସିଦ୍ଧପଣକୁ
ତେବେ କୁହ ଥରେ
କାହିଁକି ବୁଝିପାରି ନାହଁ ମୋତେ ?
କାହିଁକି ଦେଖିପାରନାହିଁ ମୋ ନିରୀହ ଆର୍ତ୍ତିକୁ
ଅବା ଦୀର୍ଘ ପ୍ରତୀକ୍ଷାକୁ ?
ତମକୁ କଥା ଦେଇଥିଲି -
ଶ୍ରମଣ ପାଲଟିଥିବା ଗୌତମଙ୍କ ପାଇଁ
ଲୁହ ନ ଝରାଇବାକୁ ଅବା ମନେ -
ହୃଦେ ନଭାବିବା ପାଇଁ
କିନ୍ତୁ ଜାଣ ?
ଜଣେ କେବେ ପ୍ରତିଶ୍ରୁତି ଦିଏ ?
ଜଣେ କେବେ କଥା ମାନିନିଏ ?
ସେତେବେଳେ
ଯେବେ ଜଣକ ଆଗରେ
ନିଷ୍ପାପର ଭାବେ ତାକୁ
ପ୍ରମାଣିତ କରିବାର ଥାଏ ।
ଭାବିଥିଲି- 'ବ୍ରହ୍ମ ସତ୍ୟ'-
'ଜଗତ ମିଥ୍ୟା'ର ତତ୍ତ୍ୱକୁ ସାଉଁଟି
ଅବଶ୍ୟ ଫେରିବ ମୋ ପାଇଁ
କିନ୍ତୁ, ତମ ସେ ଆସିବା ଥିଲା ସବୁଦିନ ଲାଗି

ପୁଣି ନଫେରିବା ପାଇଁ।
ତଥାପି ବେଳ-ଅବେଳରେ
ଏତେ ଯୁଗ ଧରି
କ୍ରମାଗତ ଭାବେ ନିରବିତ ଭଙ୍ଗା ପବନରେ
ମୁଁ ଶବ୍ଦଦ୍ୱାରା ମୋ ଭାବ ପଠେଇଛି
ହୁଏତ ତମଯାଏ ପହଞ୍ଚିନି
ହୁଏତ ସେଇ ପବନରେ ହିଁ
ଶବ୍ଦ ସବୁ ହଜିଛି ..
ହୁଏତ ମୋ ଶବ୍ଦସବୁ ଅଭିମାନରେ
ତମଯାଏ ପହଞ୍ଚିନପାରି
ଅଧାବାଟୁ ଫେରିଥିବେ
ତମକୁ କିଛି ନବୁଝେଇବା ଜିଦ୍ ରେ
ହୁଏତ ଧରିନେଇଥିବେ ଯେ,
ଏତେ ଯୁଗ ପରେ
ଫେରିବାର ମାନେ କିଛି ନାହିଁ
ହୁଏତ ଘୁଣଖିଆ କାଠପରି
ସେମାନେ ଦଦରା ହେଇଥିବେ।
ହୁଏତ ... ହୁଏତ
ମୁଁ ଜାଣେ ତମ ଅମନରେ ବି ମନ ଥାଏ
ସବୁ ନିଷିଦ୍ଧାଞ୍ଚଳରେ ବି
କିଛି ଘଟଣାର ଅପେକ୍ଷା ହିଁ ଥାଏ,
ତମ-ମୋ ଭିତରେ
ସେତୁହୀନ-ନମ୍ର ସମ୍ବନ୍ଧଟେ
ଯା'ର କେବେ ଆଦି ଅବା ଅନ୍ତ ନାହିଁ
ତେଣୁ ଦିଅ ମୋତେ ଶାନ୍ତି !
ଯେତେକ ମୋ ଦହନରୁ ଚିରନ୍ତନ ମୁକ୍ତି

ହେ ବୁଦ୍ଧ !
ମହିମ୍ନ ଚିଦ୍-ଶକ୍ତି !

ଦୟାମୟ ଉତ୍ସ
ଭିକ୍ଷୁଣୀ ମୁଁ ତୁଚ୍ଛାତିତୁଚ୍ଛ !

ହେ ବୋଧିସତ୍ତ୍ୱ !
ଜାଗତିକ ହିଂସ୍ର-ଫିସାଦିରୁ
କାମନାର ସିଜୁକଣ୍ଟା ବଣୁ
ଘୃଣା ଯେତେ ହୀନମନ୍ୟତାରୁ
ମାନବକୁ ମିଳୁ ଟିକେ କ୍ଷାନ୍ତି-
ମିଳୁ ସତ୍ୟ-ଅହିଂସା ବିଭବ
ତା'ପରେ ନିର୍ବାଣ ଅବା କେତେଦୂର ଥିବ !
ପ୍ରାରବ୍ଧର ନିର୍ଦ୍ଦେଶରେ
ତମ ସାଥେ ଭେଟ ହେବା
ଅତିଯେ ଜରୁରୀ ଥିଲା
ବୋଧେ ଜୀବନକୁ ଆଉ ଟିକେ
ବୁଝିବାକୁ ଥିଲା ।
ସହସ୍ରାବ୍ଦୀ ପରେ ବି
ତମ ଶବ୍ଦ ପହଞ୍ଚେ କାନରେ
ମସ୍ତିଷ୍କକୁ ସଂଚରି
ଅଫୁରନ୍ତ ଆବେଗରେ
ଆପ୍ଲୁତ କରେ ହୃଦୟକୁ
ତମକୁ ମୋ ଦେଖିବାର,
ତା'ପରେ ଜହ୍ନ-ସୂର୍ଯ୍ୟ-ତାରକା-ନଈକୁ ଦେଖିବାର
ସ୍ୱରୂପ ବଦଳେ
ମୁଁ ବଦଳେ
ମୋ କଥା ବଦଳେ
ମୁଁ ତୁମେ ପାଲଟିଯାଏ
ତମେ ହୁଏତ ଜାଣିବି ନଥିବ
ତମପାଖେ ମୋ ଅହଂସବୁ
ମଉଳା ପାଖୁଡ଼ା ପରି

ଠପ୍ ଠପ୍ ଖସିଯାଏ ।
ଭାଙ୍ଗିରୁଜି ଯାଏ ଯେତେ
ଇଚ୍ଛା ଓ ଅନିଚ୍ଛା
ଲୋଭ-ଭୟ
ଦ୍ୱେଷ ପୁଣି ବିରକ୍ତି-ଆସକ୍ତି ।
ତମେ ହୁଏତ ଜାଣି ନଥିବ
ମୁଁ ସୁଷୁପ୍ତି ଭିତରେ ବି
ସାକ୍ଷାତ୍ କରେ ତମକୁ
ସବୁ ମୋ ପ୍ରଶ୍ନର ଉତ୍ତର ପାଏ
ଜାଗୃତିରେ ଖାଲି ଯାହା ଚଳତମାନ ଥାଏ
ବାସ୍ତବରେ କିନ୍ତୁ ମୁଁ ତୁମେ ହୋଇଥାଏ
ଅବାସ୍ତବ ଜୀବନକୁ ନେଇ
ଆଉ କିଛି ପ୍ରଶ୍ନ ହିଁ ନଥାଏ ।
କି ଶବ୍ଦରେ କୃତଜ୍ଞତା ଅଜାଡ଼ିବି କୁହ
ତମ ବିନା
ଦିଗ୍-ଭ୍ରାନ୍ତ ଦିହୁଡ଼ି ସାଜି
ଜୀବନସମିଧଙ୍କୁ ନେଇ
ହୁଏତ ଦରସିଝା ଅବୟବରେ
ଯାତନାର ବିଷୟ ଜ୍ୱାଳାକୁ
ପ୍ରଶମିତ କରିବାକୁ
ଶୀତଳ ସମୀରଣର ଅପେକ୍ଷାରେ ଥା'ନ୍ତି ।
ଏ ଜଗତରେ ତମ 'ନାମ' ସ୍ଥିତି
ମୋ ପାଇଁ
ସବୁ ଜ୍ୱାଳା-ବିଷମୟ ପରିଧିରୁ ମୁକ୍ତି ।
ଏଇ ଦେଖତ !
ବୈକଲ୍ୟର ସ୍ତର ଡେଇଁ
ଏବେ ମୁଁ କୈବଲ୍ୟର ଦ୍ୱାର ଦେଶେ
କେବଳ ମୁଁ ତମରି ଭିତରେ !

ହେ ସଂବୁଦ୍ଧ !
ଏତିକି ପ୍ରାର୍ଥନା
ଭିକ୍ଷୁଣୀ ମୁଁ ଏମିତି ରହେ
ଜନ୍ମ-ଜନ୍ମାନ୍ତରେ
ହାତପାତି-ଭିକ୍ଷାଥାଳ ଧରି
ରହିଥାଏ ଏମିତି ହିଁ ତମ ସମ୍ମୁଖରେ ।
ତମ ଅପେକ୍ଷାରେ ଚାହିଁ ରହେ
ନିର୍ନିମେଷେ ତମ ଫେରିବାକୁ
ହାତେ ଆସି ପୁଣି ହାତରୁ ଖସିବାଯାଏ
ଏଇ ମୋର ଛିଦ୍ରାୟିତ
ଜୀବନ ପାତ୍ରରେ ପୁଣି ପ୍ରତି ଜନ୍ମାନ୍ତରେ !
ତମେ ନିଜକୁ ନିଜେ
ମୋ ପାଇଁ ଅଜାଡ଼ିବାଯାଏ ।

ପୂର୍ଣ୍ଣମୀପୁରୁଷଙ୍କ ମହାନିର୍ବାଣ

ଶରୀରର ଶେଷ ଥାଏ
ହେଲେ ଆତ୍ମା ସ୍ଥିର ରହେ
ଥିଲା-ଅଛି-ଆଗକୁ ଯେ ଥିବ
ଜନ୍ମ-ଯୋନି-ଯାତ୍ରାପଥେ
ଦେହ ପୁଣି ବିଦେହ ଲଭିବ।
ଏଇ ତ ମାନବ ଜନ୍ମର
ସ୍ଥିରୀକୃତ-ନିର୍ଦ୍ଧାରିତ ଗତି
ପୂର୍ଣ୍ଣମୀପୁରୁଷ-ବୁଦ୍ଧ
ଶୁଣାଇଛନ୍ତି ଜୀବନ ନିର୍ବାଣର
ସେ ଅନାମୟ ଗୀତି
ସୂକ୍ଷ୍ମ ଦେହରେ ଥାଇ
ସେଦିନର ମହାପ୍ରୟାଣ କର୍ମ
ସାକ୍ଷାତ କରିଛି
ଅଶୀତି ବର୍ଷରେ ତାଙ୍କ
ମହାନିର୍ବାଣ ପରର
ସେ ସବୁ ଘଟଣା କ୍ରମ
ସେତେବେଳେ ପ୍ରତ୍ୟକ୍ଷ ଦେଖିଛି।
ଯେହେତୁ, ମୋ ବୁଦ୍ଧଙ୍କର
ମହାସମାଧି ପୂର୍ବର ଦୁଇବର୍ଷ ତଳୁ
ଏ ଜଗତୁ ବିଦାୟ ନେଇଥିଲି।

ହେ ମୋର ଆତ୍ମାର ଆହ୍ଲାଦ !
ଭିକ୍ଷୁଣୀ ସଂଘ ସମ୍ମୁଖେ
ସାଧ୍ୱୀ-ସଧବାର ସେଇ
ଗୈରିକ ଶାନ୍ତିର କଥା
କି ଶବ୍ଦେ କହିବି ?
କି ଶବ୍ଦେ ବର୍ଣ୍ଣିବି ତମ
ଦେହତ୍ୟାଗର ସେ
ଆଶୀର୍ମୟ-ମୁକ୍ତି ସମ୍ପର୍କରେ !
ଦେଖ ଏବେ ବି ମୁଁ ଆହ୍ଲାଦିତ
ସ୍ୱାମୀ ଥାଇ ସ୍ତ୍ରୀଟେ ଯିବାର
ପୂର୍ଣ୍ଣ ଆତ୍ମସନ୍ତୋଷରେ !
ହଁ ତମ ସେ ମହାନିର୍ବାଣ ଥିଲା
ବୈଶାଖ ପାର୍ବଣ ରାତ୍ରପୂର୍ଣ୍ଣମୀ ତିଥିରେ ।
ତା' ପୂର୍ବରୁ କାଳେ
ଭିକ୍ଷୁସଂଘ ସହ
ବୈଶାଳୀର ରାଜଗୃହ-ବେଲଗ୍ରାମଠାରେ
ତମେ ଅସୁସ୍ଥ ଯେ ଥିଲ
ଚୁନ୍ଦ କମାର ପୁତ୍ରର ହସ୍ତରୁ
ମିଠା ଭାତ-ରୁଟି କିଛି ଖାଇ
ହଠାତ୍ ଅସୁସ୍ଥ ହୋଇ
କୁଶୀନାରା ଗଲ
ତତ୍ପରେ ଅଶୀତି ବର୍ଷେ
ତମେ ମହାପରିନିର୍ବାଣ ଲଭିଲ ।
ମହାନିର୍ବାଣ ଠାରୁ ସପ୍ତଦିନ ବ୍ୟାପୀ
ମାନବ ଦର୍ଶନ କଲା ତମ ସେ ସମାଧି !
ବହୁ ଜନହିତେ ତମ
'ସତ୍ୟ'ର ସେ ଉଦାତ୍ତ ଅନ୍ୱେଷା
ଦେଲା ପ୍ରତି ଜୀବନକୁ
ବଞ୍ଚିବାର ଅଭିନବ ରାସ୍ତା !

ଅଷ୍ଟରାଜ୍ୟେ ଅଷ୍ଟସ୍ତୂପମଧ୍ୟେ
ତମ ଅବଶେଷ
ସୁରକ୍ଷିତ ହେଲା।
କଳିଙ୍ଗ ସମ୍ରାଟ-ବୀର-
ଅଶୋକଙ୍କ ସମୟ ଖଣ୍ଡରେ
ଲୁମ୍ବିନୀ ଦକ୍ଷିଣ ପାର୍ଶ୍ୱେ
ବୌଦ୍ଧସ୍ତମ୍ଭ ନିର୍ମାଣ ଯେ ହେଲା।
ଅଷ୍ଟସ୍ତୂପ ମଧ୍ୟୁଆଣି
ତମପୂତ ଦେହ - ଅବଶେଷ
ସମ୍ରାଟ ଅଶୋକ ବୀର
ବୌଦ୍ଧଧର୍ମର ଯେ ହେଲେ ବିଶିଷ୍ଟ ସ୍ଥପତି
ଯୁଗାବ୍ଦୀ ପରେବି
ଇତିହାସ ପୃଷ୍ଠା ପରେ ଅମଳିନ ଥିବ ତାଙ୍କ
ଯୁଗଜୟୀ ବୌଦ୍ଧ ମହାକୀର୍ତ୍ତି।

ଗୋପାର ଶେଷକଥା

ହେ ମହାବୁଦ୍ଧ !
ମୁଁ ତମ ଅନୁଗାମୀଙ୍କ ଅନୁଗାମୀ
ବୁଦ୍ଧଂ ଶରଣଂ ଗଚ୍ଛାମି ।
ସଙ୍ଘଂ ଶରଣଂ ଗଚ୍ଛାମି ।
ଧର୍ମଂ ଶରଣଂ ଗଚ୍ଛାମି ।

ହେ ବୁଦ୍ଧ !
ମୁଁ ଆସିବି ଏମିତି ଜନ୍ମେ ଜନ୍ମେ
ଭୂତ-ବର୍ତ୍ତମାନ-ଭବିଷ୍ୟରେ
ତମେ ଥିବାଯାଏ
ଏମିତି ଅଜସ୍ର ଚିରନ୍ତନୀ ପ୍ରଶ୍ନ ନେଇ
ଧୂପ-ଝୁପ ଅବା ଧୂପ ରୂପ ନେଇ
ଜଳି ଜଳି ସ୍ୱାହା ହେବା ପାଇଁ
ମାଟି-ପବନ ପୁଣି
ପବନୁ ଆକାଶଯାଏ
ଏମିତି ଧ୍ୱନି ତ କରିବ ମୋର
ଅନେକ ପ୍ରଶ୍ନବାଣ
ଏମିତି ଅସ୍ପଷ୍ଟରେ କିନ୍ତୁ
ମୋ ରୁଦ୍ଧ ଓଷ୍ଠଦ୍ୱାରେ
ଅହରହ ଚାଲିଥିବ
ବୁଦ୍ଧ ଉଚ୍ଚାରଣ !

ହେ ବୁଦ୍ଧ !
ମୁଁ ବୋଧିଛାୟା !
ଏକମାତ୍ର ତମେ ହିଁ ଶରଣ
ତବପାଦେ ଏ ଗୋପାର
କୋଟି କୋଟି ଜନ୍ମର ନମନ !

ହେ ବୋଧିସତ୍ତ୍ୱ !
ତମ ରୂପ-ତମ ସ୍ତୂପ
ମୋ ଭଳି ଭିକ୍ଷୁଣୀକୁ
ଜନ୍ମେଜନ୍ମେ ତମ ଶରଣାର୍ଥୀ କରୁ
ତମପ୍ରତି ଯେତେ ମୋର
ଆସକ୍ତି-ବିରକ୍ତି
କ୍ଷୋଭ-ପ୍ରେମ
ସ୍ମରଣ-ବିସ୍ମରଣ ମଧ୍ୟେ
ତମ ବାଣୀ ମୋ ଆତ୍ମାକୁ
ମନ୍ତ୍ରମୟ କରୁ !
କି ସେଇ ଅମୂର୍ତ୍ତ ରାଗ
କି ତା'ର ସ୍ୱରୂପ !
ତମରି ସାକ୍ଷାତ୍ ପାଇଁ
ଯୁଗାନ୍ତରେ ଏ ସାଧ୍ୱୀର
କି ଅଦ୍ଭୁତ ଶୋଷ !
ବାଟ ଓ ଅବାଟ
ଆଦର୍ଶ ଓ ଅନାଦର୍ଶ
ଅବୋଧ-ଅମୀମାଂସିତ
ଦ୍ୱନ୍ଦ୍ୱ ଉପାନ୍ତରେ
ଏମିତି ମୁଁ କରୁଥାଏ
ତମ ନିଦିଧ୍ୟାସନର
ଅଭିନବ ବ୍ୟାଖ୍ୟା
ବ୍ୟାଖ୍ୟା କରୁଥାଏ ତମ ସମାଧିର ତତ୍ତ୍ୱ

ବଖାଣେ ମୁଁ ତମ
ଶବ୍ଦମୟ-ଜୀବନ ସିଦ୍ଧାନ୍ତ।
ବୋଧିତତ୍ତ୍ୱ ବର୍ଣ୍ଣିବାର ସ୍ପୃହାନେଇ
ସମଗ୍ର ନାରୀ ସମାଜ
ସ୍ମରୁଥାଉ ତମ ଶବ୍ଦଅର୍ଥ।
ଯଦି ଏସବୁ ତମପାଇଁ ସମ୍ଭବ ନହୁଏ
ହେ ମୋର ପ୍ରଣମ୍ୟ ବୁଦ୍ଧ !
ହେ ମହାମୌନୀ !
ସବାଶେଷ ଅନୁରୋଧ ରଖ
ନେଇଯାଅ ତମ ପାଇଁ ଥିବା ମୋର
ସ୍ମୃତି-ମୋହ-ମାୟା
ଜନ୍ମଚକ୍ର ନିୟତିରୁ ମୁକ୍ତକର କାୟା।
ମାୟା ଅବା କାୟା ଥିବାଯାଏ
ବୋଧେ ଏମିତି ଜନ୍ମେଜନ୍ମେ
ଖୋଜୁଥିବ-ଝୁରୁଥିବ ଆତ୍ମା ଯେ ତୁମକୁ
ଏହିଠାରେ ଶେଷ ହେଉ
ଏ ମହାନିର୍ବାଣ
ଏହା ହେଉ ସବାଶେଷ ରୂପାନ୍ତର
ପୁନର୍ଜନ୍ମ ଆଉ ନିର୍ବାଣର।

ହେ ପ୍ରିୟତମ !
କର ହେ ସୁଦୟା
ଯାବତୀୟ ଅବସୋସ-ଅବଶେଷ
ବାକି ଥିବାଯାଏ
ମୁଁ ତୁମ ଭିକ୍ଷୁଣୀ ଗୋପା
ମୁଁ ତୁମର ଦୀପ୍ତ ବୋଧିଛାୟା !

BLACK EAGLE BOOKS

www.blackeaglebooks.org
info@blackeaglebooks.org

Black Eagle Books, an independent publisher, was founded as a nonprofit organization in April, 2019. It is our mission to connect and engage the Indian diaspora and the world at large with the best of works of world literature published on a collaborative platform, with special emphasis on foregrounding Contemporary Classics and New Writing.

www.ingramcontent.com/pod-product-compliance
Lightning Source LLC
Chambersburg PA
CBHW020540080526
44583CB00013B/922
* 9 7 8 1 6 4 5 6 0 3 9 4 8 *